河南省南水北调中线工程建设管理局委托项目"河南省南水北调工程对受水区高质量发展驱动机制研究"

南水北调与河南省
社会高质量发展

郭　欣　李　丹　刘国旭　杨　旭　娄玮琪　著

中国农业出版社
农村读物出版社
北　京

图书在版编目（CIP）数据

南水北调与河南省社会高质量发展 / 郭欣等著. —
北京：中国农业出版社，2022.11
　　ISBN 978-7-109-30189-4

　　Ⅰ.①南…　Ⅱ.①郭…　Ⅲ.①南水北调—调水工程—
关系—区域经济发展—研究—河南　Ⅳ.①F127.61
②TV68

中国版本图书馆 CIP 数据核字（2022）第 205348 号

中国农业出版社出版
地址：北京市朝阳区麦子店街 18 号楼
邮编：100125
责任编辑：张　丽
责任校对：吴丽婷
印刷：北京中兴印刷有限公司
版次：2022 年 11 月第 1 版
印次：2022 年 11 月北京第 1 次印刷
发行：新华书店北京发行所
开本：700mm×1000mm　1/16
印张：11
字数：210 千字
定价：68.00 元

编　委　会

主任委员：张宝锋

委　　员：王春阳　张保林　郭　欣　韩江波

序

　　水是生存之本、文明之源、生态之基。中国是世界上 13 个贫水国之一，且水资源时空分布极不均衡。重塑水资源时空分布格局刻不容缓。1952 年 10 月，毛泽东主席在视察黄河时，首次提出了"南水北调"的伟大构想。经过半个世纪的勘测、规划和研究，我国形成了"在长江下游、中游、上游规划三个调水区，形成东线、中线、西线三条调水线路，通过三条调水线路与长江、淮河、黄河、海河相互连接，构筑'四横三纵、南北调配、东西互济'大水网"的中国水资源配置总体方案。2002 年 12 月 27 日，南水北调东线一期工程开工建设，2013 年 11 月 15 日正式通水。2003 年 12 月 30 日，南水北调中线一期工程开工建设，2014 年 12 月 12 日正式通水。截至 2022 年 5 月 13 日，南水北调东线和中线工程累计调水 531 亿米³，受益人口 1.4 亿，极大地改善了广大北方地区、黄淮平原供水格局。受水区生态环境明显修复，水资源承载力显著提升，水质优良水体比例大幅度提高，已成为众多受水区的主流水源，人民群众的获得感、幸福感、安全感不断提升。

　　党的十八大以来，习近平总书记高度重视南水北调工程，多次视察、专题调研、召开座谈会，科学分析南水北调工程面临的新形势、新任务。2021 年 5 月 14 日，习近平总书记在河南省南阳市主持召开推进南水北调后续工程高质量发展座谈会并发表重要讲话，强调南水北调工程事关战略全局、事关长远发展、事关人民福祉。进入新发展阶段、贯彻新发展理念、构建新发展格局，形成全国统一大市场和畅通的国内大循环，促进南北方协调发展，需要水资源的有力支撑。习近平总书记强调，要在全面加强节水、强化水资源刚性约束的前提下，统筹加强需求和供给管理，要按照高质量发展要求，坚持系统观念，用系统论的思想方法分析问题，处理好开源和节流、存量和增量、时间和空间的关系，做到工程综合效益最大化。

习近平总书记的重要讲话，为推进南水北调后续工程高质量发展指明了方向、提供了根本遵循。

河南省既是南水北调中线工程的水源区，也是受水区，南水北调中线工程在河南省境内全长 731 千米，是施工难度最大、战线最长、投资最大、移民最多、占地最多的部分；供水覆盖 11 个省辖市和 41 个县（市、区），多个城市主城区 100%使用"南水"，成为多个城市供水的"生命线"，受益人口达 2 400 万。南水北调中线工程对河南省物价水平稳定、就业率提升、居民可支配收入增加、经济增长、城乡产业融合发展、生态环境质量改善等起到了显著的推动作用，但也存在水资源利用效率不高、人水和谐度较低等问题。如何进一步落实习近平总书记重要指示精神，充分挖掘南水北调中线工程对受水区高质量发展的驱动作用，将工程的外生冲击转化为内源发展动力，是值得研究的重大课题。

南阳市是南水北调中线工程的水源地，担负着一渠清水永送北京的政治责任。南阳师范学院作为南水北调中线工程水源地高校，始终以服务南水北调国家重大战略工程为己任。围绕创新驱动发展、水源地生态保护等重大课题，成立了南水北调学院，拥有南水北调中线水源区水安全河南省协同创新中心、河南省南水北调水安全院士工作站、南水北调精神研究院等研究平台。发挥学校在人才培养、水生态保护、科技成果转化等方面的优势，积极联合国内外创新力量，有效聚集创新要素和资源，构建协同创新的新模式，促进人才链、产业链、创新链有机衔接，形成协同创新的新优势，破解水源地水产业加快升级和水—资源—粮食循环发展等重大课题在推进过程中面临的诸多难题。在水源区水污染综合防控技术、水土保持及特色产业创新升级和转型等方面取得了一系列研究成果，并获得良好经济社会效益。为进一步提高服务南水北调国家重大战略工程质量，以创新引领发展，强化人才支撑，加快新旧动能转换，提升水产业核心竞争力，南阳师范学院将围绕提高南水北调中线工程运行效能，深入思考南水北调中线工程与受水区经济社会发展的内在关联，从经济、社会、文化、生态等维度开展全方位研究，通过定性与定量研究相结合的方法，深化南水北调中线工程调水区与受水区经济社会高质量发展驱动的规律性认识，得出更为客观的结论，为国家南水北调工程重大战略实施和省委、省政府科学决策提供参考。

张宝锋

2022 年 6 月 10 日

目 录

序

绪　　论

"水是生命之源、生产之要、生态之基。"[①]　人的生存生活离不开水，社会生产活动离不开水，生态文明建设离不开水。水作为基础性资源，决定了人类社会的高层次、高质量发展离不开水。我国水资源总量大、人均占有量少，且时空分布不均衡，"兴水利、除水害，事关人类生存、经济发展、社会进步，历来是治国安邦的大事"[②]。中华人民共和国成立以后，南水北调工程一直受到党和政府重视。1952 年 10 月，毛泽东同志在视察黄河时提出："南方水多、北方水少，如有可能，借点水来也是可以的"[③]，由此国内开启了南水北调工程建设的壮阔征程。历经 60 多年几代人的接续奋斗和沿线 40 多万移民的无私奉献，南水北调工程中东线一期工程业已竣工，已经惠及亿万民众。

党的十八大之后，习近平总书记多次就南水北调工程作出重要指示。2021 年 5 月 14 日上午，推进南水北调后续工程高质量发展座谈会在河南省南阳市召开，习近平总书记发表重要讲话，明确了南水北调工程的战略定位，指出南水北调工程事关战略全局、事关长远发展、事关人民福祉，强调进入新发展阶段、贯彻新发展理念、构建新发展格局，形成全国统一大市场和畅通的国内大循环，促进南北方协调发展，需要水资源的有力支撑。

习近平总书记指示，要深入分析南水北调工程面临的新形势新任务，完整、准确、全面贯彻新发展理念，按照高质量发展要求，统筹发展和安全，坚持节水优先、空间均衡、系统治理、两手发力的治水思路，遵循确有需要、生态安全、可以持续的重大水利工程论证原则，立足流域整体和水资源空间均衡配置，科学推进工程规划建设，提高水资源集约节约利用水平。

习近平总书记充分肯定了南水北调工程的重大意义，系统总结了实施重大跨流域调水工程的宝贵经验，明确提出了继续科学推进实施调水工程的总体要

[①②]　2011 年中央 1 号文件：中共中央　国务院关于加快水利改革发展的决定 [EB/OL]. (2011 - 01 - 29) [2022 - 01 - 02]. http://www.gov.cn/jrzg/2011 - 01/29/content_1795245.htm.

[③]　王伟健. 南水北调屡经磨砺今朝起步 [N]. 人民日报，2003 - 03 - 03（13）.

求，全面部署了做好南水北调后续工程的重点任务，为推进南水北调后续工程高质量发展指明了前进方向。

河南省地处南水北调中线工程的源头，工程总干渠在河南省境内总长度731 千米。河南省是水源地，又是重要的受水区，一方面，承担了南水北调中线工程艰巨的工程安全、供水安全、水质安全的维护任务，需要持续做好移民安置后续帮扶任务；另一方面，从调水工程中获得了经济社会发展最基础、最重要的资源支持和环境助力，因此河南省社会高质量发展在压力和挑战之中孕育着难得的机遇。

第 一 章

南水北调工程驱动河南省社会
高质量发展的理论基础

南水北调工程分东、中、西三条线路，其中中线工程对河南省社会高质量发展影响最大、最直接、最全面、最深刻，本书主要就南水北调中线工程展开讨论。

南水北调中线工程从宏伟蓝图变成美好的现实，历经了社会主义革命和建设时期、改革开放和社会主义现代化建设时期、中国特色社会主义新时代三个时期，时逾一甲子，是新中国成立以后，中国水利工程史上的一个标志性成就。这项世纪工程是在马克思主义基本理论指导下，中国共产党领导中国人民进行社会主义现代化建设，认识自然、利用自然和改造自然的成功范例。工程的成功运营，深刻体现了中国共产党领导社会主义建设中坚持实事求是这一马克思主义的精髓，既在实践中丰富和发展了马克思主义，产生一系列新的理论成果，又在这些理论的指导下取得了一系列实践成果。中国特色社会主义事业进入到新的发展阶段，以习近平同志为核心的党中央在治国理政的实践中提出了新发展理念。党的十八届五中全会第一次对新发展理念作了概括和阐述，并于十九大对贯彻落实新发展理念作了部署。新发展理念是习近平新时代中国特色社会主义思想的重要组成部分，充分体现了新一代中央领导集体对中国共产党执政规律、社会主义建设规律和人类社会发展规律的深刻认识。南水北调中线工程作为一个生动的范例，从构想到论证实施、从工程精细设计图纸到宏伟靓丽现实画卷、从已惠及亿万民众的现状到工程后续高质量发展，一直都在探索着、实践着、验证着和完善着新发展理念，是这一理论成果的逻辑展开。

新发展理念具有明确的目标指向，立足于新时期经济发展新常态，致力于"两个一百年"奋斗目标，着眼于中国特色社会主义事业繁荣昌盛，更好地满足人民群众对美好生活的向往；新发展理念是马克思主义世界观、认识论和方法论的具体体现，具有科学性、人民性、战略性、整体性、实践性等鲜明的时代特征。

"发展理念是发展行动的先导，是管全局、管根本、管方向、管长远的东西，是发展思路、发展方向、发展着力点的集中体现。"① 新发展理念是新时代我国发展的行动纲领，必须长期坚持。

2021 年，是我国脱贫攻坚战取得全面胜利，全面小康社会建成，向全面建设社会主义现代化强国迈进的开局之年。在此关键之年，习近平总书记莅临河南省南阳市，就南水北调工程作出重要指示，高瞻远瞩，寓意深远。南水北调工程至此跨上了新台阶，构建起了新格局。推进南水北调后续工程高质量发展，必须坚持新发展理念，河南省社会要取得高质量发展，必须坚持新发展理念的指引。

高质量发展是中国特色社会主义进入新时代的要求，也是经济发展进入新常态、我国社会主要矛盾发生新变化、在"两个一百年"奋斗目标历史交汇时期，面临新的任务转换，遵循经济社会发展规律的正确抉择。高质量发展就是体现新发展理念的发展。

新发展理念所包括的五个方面各有侧重。创新发展理念侧重解决发展动力问题，要求从以前的要素驱动、投资驱动转向创新驱动；协调发展理念侧重解决结构性问题，要求补齐短板，各部分发展协调均衡，实现结构优化升级；绿色发展理念侧重解决人与自然和谐问题，是可持续发展的中国实践；开放发展理念侧重解决发展外部条件问题，是国家繁荣的必由之路；共享发展理念侧重解决社会公平正义问题，是一个国家或地区发展的价值取向和目标定位。这五个方面的发展理念是一个有机整体，相互依存，缺一不可，共同构成了一个完整统一的发展系统思想。

创新发展理念是内在的、抽象的，理念要具体落实到创新活动、创新行为中。创新行为是具体的、多种多样的，是生产力与生产关系、经济基础与上层建筑的全系统、全方位、全要素创新，是理论创新、制度体制机制创新、产品创新、科技创新、方式方法创新，是全面创新。开放发展理念核心是解决发展

---

① 习近平. 关于《中共中央关于制定国民经济和社会发展第十三个五年规划的建议》的说明 [EB/OL]. (2015 - 11 - 04) [2022 - 01 - 02]. http://cpc.people.com.cn/n/2015/1104/c64387 - 27773659. html.

的动力问题，要求发展内外联动。开放发展理念要落实于制度及其实施、体现在现实的发展关系处理上。创新发展理念、开放发展理念更具贯通性，但具体又可以通过其他三个理念的实践来落实，可以在协调发展理念、绿色发展理念、共享发展理念的具体实施活动中予以贯彻。鉴于此，下文主要从协调发展理念、绿色发展理念、共享发展理念三方面探讨南水北调中线工程驱动河南省社会高质量发展的理论基础。

第一节　坚持协调发展理念，促进河南省社会高质量发展

一、协调发展理念的渊源

"协调"就其本意而言，在于强调较为复杂的关系如何进行平衡处理。社会是个复杂的结构体，社会整体与其构成要素之间存在着多方面的张力，在其平衡性上，不平衡是绝对的，平衡是相对的。为求社会赓续发展，进行协调既是必要的，也是必需的。协调的思想随实践发展变化而变化，协调发展的思想内容在不同时代也各不相同。新发展理念中的协调发展理念的产生有其特定的历史背景：我国经济社会发展进入新常态；国内外形势更加错综复杂，出现了百年未有之大变局；在中国共产党确立的"两个一百年"历史交汇期，针对区域和城乡两个文明发展的不平衡，针对经济建设与文化建设、国防建设发展不平衡等一系列问题提出的。协调发展理念传承了中国传统文化中"和""合"思想、"中道"思想精髓，继承与发展了马克思主义发展观，同时也是中国共产党协调发展思想的继承与创新。

（一）对马克思主义发展理论的新发展

马克思最早提出了社会有机体范畴，他在《资本论》第一卷第一版序言中指出：现在的社会是一个"能够变化并且经常处于变化过程中的机体"。[①] 把社会作为一个有机系统来研究。马克思的社会有机体范畴汇总了全部社会生活和过程，包括社会生活的三大领域（生产力、经济基础和上层建筑及其相互作用关系）和其他社会要素（如家庭、氏族等人群共同体，以及语言、教育等社会现象及其关系）。社会有机体理论反对把社会看成是机械的、彼此孤立的单

---

① 中共中央马克思恩格斯列宁斯大林著作编译局．马克思恩格斯文集：第五卷［M］．北京：人民出版社，2009：12 - 13．

独存在，主张社会是由多种要素构成的有机整体，整体与要素之间、要素与要素之间不断进行着能量交换，使得有机体经常处于变化的过程中，① 这种变化发展有其内在的规律性、客观性，人可以揭示规律、利用规律，但不能改变规律。政治、经济、文化、社会、生态等都是社会有机体的构成要素，各要素之间相互联系、相互依存、相互制约、相互影响，构成社会有机体内部的子系统。社会子系统的自在自发性常常导致子系统之间的紧张、子系统与整体之间的紧张，偏离人们对社会的价值目标和价值追求。因此，需要对社会有机体的运行进行干预或控制，而这种干预和控制不是恣意的，必须顺其性而治之。要想让社会有机体运行均衡有序，就必须在整体与要素之间、各个构成要素之间进行协调，促进社会协调发展。社会系统各要素的相关性、整体性和有序性奠定了整体和部分之间、物质与精神之间协调发展的理论基础。社会有机体理论在其方法论上要求用整体、全面、系统、辩证的观点来研究问题、解决问题，并且一定要尊重社会规律、客观规律。社会运行是在人的推动下不断回应着人的追求的运动过程，科学发展、可持续发展、包容性发展，协调性和平衡性发展等都凝结了人的目标选择和价值追求，是在错误的发展道路上遭受了挫败而深刻反省后的正确抉择。"发展必须是遵循经济规律的科学发展，必须是遵循自然规律的可持续发展，必须是遵循社会规律的包容性发展"，必须"着力提高发展的协调性和平衡性"，② 强调要遵循经济规律、自然规律、社会规律，这是对马克思主义人类社会发展规律的具体化和深化，是促进新时代经济社会科学发展的创新理论，是指导中国新时代新发展的协调发展观。

（二）对唯物辩证法的运用和发展

唯物辩证法坚持联系观点，把世界看成是普遍联系的，"当我们通过思维来考察自然界或人类历史或我们自己的精神活动的时候，首先呈现在我们眼前的，是一幅由种种联系和相互作用无穷无尽地交织起来的画面"。③ 马克思主义辩证法坚持发展的观点，认为世界不是静止不动的，而是变化发展的，发展是绝对的，静止是相对的。"其中没有任何东西是不动的和不变的，而是一切都在运动、变化、生成和消逝"。④ 马克思主义辩证法坚持对立统一的观点，

---

① 中共中央马克思恩格斯列宁斯大林著作编译局. 列宁选集：第一卷 [M]. 北京：人民出版社，2012：34，55.
② 人民日报评论员. 发展必须是遵循经济规律的科学发展 [N]. 人民日报，2014 - 08 - 26 (1).
③ 恩格斯. 社会主义从空想到科学的发展 [M]. 北京：人民出版社，2018：52.
④ 恩格斯. 社会主义从空想到科学的发展 [M]. 北京：人民出版社，2018：52 - 53.

指出任何事物都包含着矛盾，矛盾具有普遍性、特殊性，矛盾有主要矛盾与次要矛盾、矛盾的主要方面与次要方面之分。其方法论要求正确处理"两点论"与"重点论"的关系。在实际工作中，既要抓主要矛盾，又不能忽视次要矛盾，对于复杂的事物要着重把握主要矛盾的主要方面，也不能忽视矛盾的次要方面，要坚持"两点论"和"重点论"的统一。中国经济社会发展过程中的矛盾是不平衡的，现阶段我国社会主要矛盾是人民日益增长的美好生活需要和不平衡不充分的发展之间的矛盾，矛盾的主要方面是"不平衡不充分的发展"。因此，要紧紧抓住主要矛盾的主要方面，只有这样才能抓住关键，才能更好推动社会的协调健康发展。

协调发展坚持马克思主义辩证法，坚持用联系的观点看问题，认识并分析事物之间的联系，处理好整体与部分的关系，处理好中国特色社会主义总体布局中的几对重大关系。习近平总书记指出："统筹兼顾是中国共产党的一个科学方法论。它的哲学内涵就是马克思主义辩证法……如果我们违背联系的普遍性和客观性，不注意协调好它们之间的关系，就会顾此失彼，导致发展失衡。"[①] 把马克思主义辩证法运用到协调发展上，运用到新时代中国共产党领导的全面建设社会主义现代化实践上，是对唯物辩证法的具体化和深化。

（三）协调发展理念的实践渊源

发展不平衡是常态性问题，协调发展的思想因社会实践的不同、人们的认识不同而不同，但随着实践的深入、认识的加深，协调发展的思想会不断改进。中华人民共和国成立以来，中国共产党一直审时度势，在总结经验教训的基础上，不断及时调整区域发展战略，协调发展的思想经历了均衡发展到非均衡发展，再到非均衡协调发展的转捩。

1. 均衡发展

中华人民共和国成立以后，我国是在"一穷二白"的基础上建设新社会的，国家的生产力水平低下且地区资源分布不均、工业基础薄弱、农业发展更加落后。针对沿海地区与内地巨大的经济差距现状，毛泽东同志提出了"均衡发展"的战略构想，改变工业过度集中在东部沿海地区的不平衡状况，促进内地工业发展，为中西部地区的发展奠定基础。均衡发展战略的实施，使中国初步解决了内地工业发展问题，建立起了独立的区域工业体系和经济体系。但

---

① 习近平. 在新进中央委员会的委员、候补委员学习贯彻党的十八大精神研讨班上的讲话 [N].
人民日报，2013 - 01 - 06 (1).

是，这种均衡发展突出了人的主观过度干涉，主要通过行政手段抑制东部沿海地区发展来强化内地的发展，忽视了经济发展的客观规律性，因此在实践中"吃大锅饭"现象严重，经济效率低下。

2. 非均衡发展

改革开放初期，通过真理标准大讨论，人们思想得以解放，经济社会发展得以转移到实事求是、依照客观规律办事的轨道上。国家确立了经济建设的中心地位，明确了以提高国民经济整体效益为中心和效率优先的原则。邓小平同志强调发挥沿海地区的比较优势，加快沿海地区发展，提出"在经济政策上要允许一部分地区先富起来，带动其他地区发展，使整个国民经济不断地波浪式向前发展"。[①] 1980 年 3 月，邓小平同志进一步指出，要"发挥比较优势、扬长避短，承认不平衡"。[②] 非均衡发展成为国家当时的战略选择。

非均衡发展战略使沿海地区得到了快速发展，国民经济整体水平空前提高。但原本封闭落后的中西部地区却远远落在后边，造成区域经济发展严重失衡。伴随着地方保护主义加强，条块分割严重，导致严重的市场分割现象，区域之间的矛盾和冲突加剧了。[③]

3. 非均衡协调发展

1991 年，"八五"计划首次提出"生产力的合理布局和地区经济的协调发展，是我国经济建设和社会发展中极为重要的问题"，"促进地区经济朝着合理分工、各展其长、优势互补、协调发展的方向前进"，国家重点建设项目转向中西部布局。

1992 年，邓小平同志提出"先富起来的地区多缴点利税，支持贫困地区的发展"。[④] 1993 年 11 月，国家首次明确提出"效率优先，兼顾公平"的原则，对区域经济发展战略的转变产生了重要影响。[⑤] 此后，国家确定经济和社会发展坚持"区域经济协调发展，逐步缩小地区发展差距"的重要方针，安排部署区域经济协调发展。2000 年，国家正式实施西部大开发战略。"十五"计

---

① 邓小平. 邓小平文选：第一卷 [M]. 北京：人民出版社，1994：152.

② 房中维. 中华人民共和国经济大事记（1949—1980）[M]. 北京：中国社会科学出版社，1984：651.

③ 于文浩. 改革开放以来中国区域发展战略的历史考察 [J]. 中国经济史研究，2015（6）：126 - 131.

④ 邓小平. 邓小平文选：第三卷 [M]. 北京：人民出版社，1993：374.

⑤ 中共中央关于建立社会主义市场经济体制若干问题的决定 [N]. 人民日报，1993 - 11 - 17（1）.

划提出"实施西部大开发战略，加快中西部地区发展，合理调整地区经济布局，促进地区经济协调发展"的指导方针。① 区域发展战略引入"公平"，体现了非均衡协调发展的思想。

中共十六届三中全会提出了以人为本，全面、协调、可持续的科学发展观，确定在经济发展的基础上正确处理各种社会矛盾的发展目标，构建全面、协调、可持续发展的和谐社会，提出了五个"统筹"的协调发展思路。② 东北老工业基地振兴、中部崛起等纳入国家区域协调发展战略。"十一五"规划进一步提出加大国家对欠发达地区的支持力度，加快革命老区、民族地区、边疆地区和贫困地区经济社会发展。"以人为本"的科学发展观将协调发展提高到了更重要的地位，协调发展格局逐渐形成。

"十一五"规划提出了主体功能区的战略思想，"十二五"规划明确提出将主体功能区上升到战略层面，与区域发展总体战略共同构成我国国土空间开发的完整战略格局。党的十七大报告首次提出"统筹国内国际两个大局"的统筹兼顾战略思维，并且提出要基本形成区域协调互动发展机制和主体功能区布局的战略构想。③ 为贯彻落实十七大精神，2010 年国务院公布实施《全国主体功能区规划》，按照以人为本的理念推进区域协调发展，促进人口、经济、资源环境的空间均衡。这标志着我国区域发展战略进入一个新的发展阶段——统筹协调互动发展战略时期。④

2015 年，中共十八届五中全会提出了"五大发展理念"，细化了区域、城乡协调发展的内容，提出了统筹国内、国际两个大局，实行均等化的公共服务理念。在国内，强调要继续支持西部大开发、全面振兴东北老工业基地，推动长江经济带发展和京津冀协同发展。针对国际大局，习近平总书记提出"一带一路"的倡议。新的区域发展战略更加注重优势区域的牵引作用，"从广度和深度两个方面提高了区域政策的精准性，利用国际国内两个市场，向全方位、

---

① 中华人民共和国国民经济和社会发展第十个五年计划纲要 ［EB/OL］. （2001 - 03 - 15）［2022 - 01 - 02］. http：//www.gov.cn/gongbao/content/2001/content_60699.htm.

② 五个统筹，即党的十六届三中全会《决定》提出的"统筹城乡发展、统筹区域发展、统筹经济社会发展、统筹人与自然和谐发展、统筹国内发展和对外开放"。参见：胡锦涛.胡锦涛文选：第三卷［M］.北京：人民出版社，2016：6.

③ 胡锦涛.胡锦涛文选：第二卷［M］.北京：人民出版社，2016：612 - 658.

④ 于文浩.改革开放以来中国区域发展战略的历史考察［J］.中国经济史研究，2015（6）：126 - 131.

多层次、宽领域不断扩展"。① 开拓了新时代协调发展新格局。

二、协调发展理念的内涵

新发展理念中的协调发展理念不同于以往的协调发展理念。过去的协调发展理念过多考虑区域经济之间的差距问题，现在则关注多领域的协调发展，注重发展的整体性、均衡性和实践性，从而解决发展中重大关系不平衡的问题。

（一）协调发展的界定

协调发展在理论上并没有共识性的定义，从哲学、经济学、社会学、管理学等不同角度都有不同解读。依循系统论、社会有机体的思想可以将其概括为：协调发展是以实现社会的全面健康可持续发展为目标，在遵循客观规律的基础上，通过社会母系统与子系统、子系统之间及其内部组成要素间的关系调理，使系统及其内部构成要素之间处于最优结合的运行态势。据此，协调发展可总结为以下特征：①协调发展是以马克思主义唯物论、辩证法为哲学基础的综合发展；②协调发展是社会母系统与子系统及其内部组成要素间多层次关系的协调，追求的是全面、协调、可持续发展；③母系统协调的效应大于各子系统、各要素孤立发展的效应之和；④协调发展在时间和空间上表现为动态性、层次性及其样态的多样性；⑤协调发展要求把每一个系统、要素置于关系中调理，具有开放性，是在诸多要素间关系处理中的自洽自适应。

协调发展追求的是辩证、整体、系统的发展状态，协调发展的目的是使各利益主体的利益在发展中达到有机平衡，是在平衡中的自洽自适应。协调发展理念的实质就是要求在发展这个重大问题上，必须处理好一系列重大关系：一是要求发展过程更加体现全面性和整体性，即在坚持建设中国特色社会主义"五位一体"总体布局的前提下，协调城乡发展，协调区域之间发展，协调物质文明与精神文明发展。二是要求发展的过程更加体现平衡性。中国的发展必须立足于社会主义初级阶段基本国情，处理好发展中的各类平衡和关系，要求经济发展与社会发展、生态效益有机统一，经济建设与国防建设融合发展，经济硬实力与文化软实力和谐匹配。三是要求发展的可持续性。中华民族伟大复兴和现代化建设任务的长期性和艰巨性，决定了中国的发展是接续不断的，是协调和可持续的。四是发展中对梗阻的及时调整，要求建立适宜配套的纠纷解

---

① 于文浩．改革开放以来中国区域发展战略的历史考察［J］．中国经济史研究，2015（6）：126 - 131.

决机制。

协调发展，也要求解决好人口、资源与环境保护的关系，确保经济增长与人口发展相协调，从发展的内在动力上要求推动经济发展方式从要素驱动转向创新驱动。

（二）协调发展理念的内涵

第一，协调发展是公平发展。公平正义是社会主义的内在要求，也是中国共产党党的宗旨的重要体现。一方面，协调发展要求社会要努力把"蛋糕"做大；另一方面，在"蛋糕"做大基础上，把"蛋糕"分好。我国城乡之间、区域之间以及居民收入分配之间差距依然较大，各种不平衡、不协调的问题严重影响着经济社会的持续健康发展，必须"创造更加公平正义的社会环境，不断克服各种有违公平正义的现象，使改革发展成果更多更公平惠及全体人民。"①这里的"公平"不是平均主义，"而是更加注重发展机会公平、更加注重资源配置均衡"。②

第二，协调发展是全面发展。在中国特色社会主义新时代，发展的内涵是全面的，是经济建设、文化建设、政治建设、社会建设和生态文明建设"五位一体"的共同发展，协调推进。习近平总书记指出："下好'十三五'时期发展的全国一盘棋，协调发展是制胜要决。"③。协调发展要求弥补发展中的短板和薄弱环节，进而达到一种全方位的、系统的、均衡的发展。

第三，协调发展是协同发展。协同发展是指不同资源主体之间相互协作，强调主体在关系处理时的主动性、积极性，强调整体效果与局部效果的统一。协同发展促使双方发挥各自优势，实现共同发展。协同发展是经济社会可持续发展的基础。

第四，协调发展是目的也是方法，具有实践性。协调发展把每一个子系统、要素置于关系中调理，追求系统及其内部构成要素之间的最优结合，这种结合始终处于动态中，随时空迁移有不同呈现。一方面，当结合最优时，即结合效果达到最佳，这时的状态就是理想状态，因此可以作为标准、目标确定下

---

① 中共中央文献研究室. 习近平总书记重要讲话文章选编［M］. 北京：中央文献出版社，2016：96.

② 中共中央文献研究室. 习近平总书记重要讲话文章选编［M］. 北京：中央文献出版社，2016：393.

③ 中共中央文献研究室. 习近平关于全面建成小康社会论述摘编［M］. 北京：人民出版社，2016：60.

来，确立一个参照；另一方面，当运行态势偏离最佳状态时，为追求理想效果，就需要对各子系统、各要素做及时调整处理，及时协调，"补厥挂漏，俾臻完善"，把各系统、各要素间的关系处理到自洽自适应，使其达到最佳状态。所以，协调既是发展目标又是发展手段，同时还是评价发展的标准和尺度。

协调发展理念作为新发展理念的重要组成部分，致力于解决当前发展中不协调、不均衡的重大问题，具有极强的问题意识；立足于现实，解决现实问题，具有深刻的实践性，为我国社会的全面发展指明方向和提供指导。

三、坚持协调发展理念，促进河南省社会高质量发展

新发展理念把协调发展放在国家发展全局的重要位置，坚持统筹兼顾、综合平衡，适当处理发展中的重大关系，补齐短板、缩小差距，获得共同发展。

南水北调中线工程的横空出世，本身就是协调发展思想的产物，所谓"南方水多，北方水少，借点用用"，就是南北协调。

南水北调中线工程河南段是全线长度最长、投资最大、工程地质条件最复杂、征地及移民安置任务最重的工程段，[①] 工程使河南省承载了沉重的负担和压力[②]，同时也给河南省创造了难得的机会和机遇。2020 年，国家已经取得了脱贫攻坚战决定性的胜利，实现了全面建设小康社会的艰巨任务，国家经济发展进入新常态，新常态要求高质量发展。河南省也要"高举伟大旗帜 牢记领袖嘱托 为确保高质量建设现代化河南 确保高水平实现现代化河南而努力奋斗"[③]，把河南省的发展融入整个国家的发展大潮，河南省社会高质量发展在新发展理念指导下，把协调发展理念作为理论基础，正确处理发展中的复杂关系，与国家同频共振。

河南省的发展是我国经济发展的缩影，存在着区域差异，以及区域发展不均衡、不充分的问题，存在的观念转变问题在有些方面表现得更突出。基于南

---

① 央广网. 南水北调中线工程河南段受到豫省委、省政府嘉奖［EB/OL］.（2014 - 04 - 15）［2022 - 03 - 25］. http://hn.cnr.cn/gt_1/201404/t20140415_515300055.shtml.

② 南水北调中线工程从丹江口水库引水，经淅川县陶岔渠首至北京、天津，全长 1 432 千米，其中河南境内长 731 千米，占总长的二分之一还要多，穿过河南省南阳、平顶山、许昌、郑州、焦作、新乡、安阳、鹤壁 8 个省辖市、21 个县（市、区）。目前，河南省的受水区涉及 11 个省辖市市区、43 个县城区和 101 个乡镇，受水区总人口 2 600 多万人，围绕工程建设，河南省南阳市先后移民 40 多万人。

③ 2021 年 10 月 26 日，河南省委书记楼阳生在中国共产党河南省第十一次代表大会上代表中国共产党河南省第十届委员会所作的报告主题。

水北调中线工程这个变量的增加，又产生了一系列新的矛盾和问题。例如，最突出的移民问题（移民问题不只是简单的人口转出转入问题，而是极其复杂的问题集成）；最直接的工程受益区与因工程做出付出的主体的利益平衡问题；在更高标准上的环境保护与经济发展、社会发展的有机统一问题；工程及其管理与受水区的全面融合问题；工程的现有功能与功能延伸、功能拓展问题；基于工程对环境影响产生的正向或负向效应反过来与工程的矛盾问题；工程对土地资源占用与粮食主产区粮食供应的保障问题，等等。贯彻协调发展理念，要求既要协调河南省社会系统内各子系统、各要素的复杂关系，也要协调其与整个社会母系统的关系；既要考虑局部利益，致力于各部分的发展，也要考虑整体利益，促进整体的进步。在协调发展理念指引下，统筹兼顾、综合平衡、功能互补、共同发展。

（一）推进河南省区域协调发展

1. 发挥河南省受水区的比较优势

区域发展的核心是因地制宜、因势利导，重点是发挥不同地区的比较优势。一方面，要继续抓好受水区先发展地区的示范引领作用，尤其是因为水的量和质同时改善，使其优越性愈加凸显的地区更应勇于领跑；另一方面，要激发落后地区的内在能动性，实现跨越式发展；同时要发挥制度、政策优势，用好国家财政转移支付制度，强化对口支援，完善帮扶政策，实现全面可持续发展。

2. 主动融入区域重大战略，培育新的经济增长点

20世纪90年代以来，我国在区域发展上做出了许多重大的战略部署，制定了一系列针对性很强的政策。例如，改革开放后加快沿海地区发展战略、西部大开发战略、振兴东北等老工业基地战略，2006年提出了中部地区崛起战略，2010年发布全国主体功能区规划，等等，为缩小地区差距积累了丰富的经验和案例。进入新时代，国家又培育了一批新的经济增长点，这些增长点很多分布在中西部，如：成渝经济区、中原经济区等。河南省在国家的战略布局中也早有谋划，河南省要积极主动融入区域重大战略，立足农业大省定位，拉长第一产业产业链，抓住"良种"这一"农业芯片"，充分发挥优质水的优势，与第二、三产业相协调，承接新经济、新动能、新模式的助力，抓住机遇，挖掘发展潜力，开拓更加广阔的发展空间，创新河南省区域经济发展的新模式。

3. 用好政府与市场"两只手"，创新河南省区域协调发展新机制

推动区域协调发展，既要重视发挥市场配置资源的决定性作用，又要发挥好政府的宏观调控作用。我国的宏观调控是两级调控，即全国范围的中央调控和省级范围内的地方调控。河南省在中央顶层设计框架下加强省域布局安排，要具体做好国家在南水北调中线工程方面的各种政策在河南省受水区的贯彻落实和其他地区的协调配合等工作，用好法律、经济（包括价格、财政、税收、金融等）手段，发挥政府在区域协调发展方面的引导作用，推进统筹规划的科学性和整体性。建立完善更加有效的区域协调发展新机制，促进区域协调发展向更高水平和更高质量迈进。

4. 转变观念

主要破除因循守旧、故步自封、稍富即安和等靠要的思想观念，树立创新意识、开放意识。根据《河南双创蓝皮书：河南创新创业发展报告（2021年)》的数据显示，河南省受水区各地市创新能力省内排名比较靠前。但是，河南省在全国的排名不在前列。2007年落在创新第三梯队，属弱势区域[①]。此后虽然有所提升，但直到2020年，河南省区域创新能力仍排在第13位。[②] 新时代的发展以现代科技为背景，必须把创新作为引领区域发展的第一动力，革故鼎新，不断促进理论创新、制度创新、途径创新、科技创新、方式方法创新，依靠数字中国、智慧社会有力支撑，发挥出落后地区发展的后发优势，积蓄力量，争取能够"弯道超车"。

把开放作为发展的内在要求，把河南省高质量发展置于更加广阔的区际、国内、国际空间来谋划，在政策制定、方案的选择上获得更多的样本参考；在资金、技术、劳动力、人才等市场要素上获得更多的支持，争取更大的回旋空间；在问题解决的途径上寻找更多的思路和方向；在市场开拓上通过发挥联动效应获得更多的发展空间；在发展动力上于开放市场、充分竞争的压力下可以激发出持续不断的活力。

（二）促进河南省城乡协调发展

所谓城乡协调发展，就是实现资源要素在城乡之间合理配置、顺畅流动，把城市和乡村的差距控制在自洽自适的范围之内，让城乡居民共享改革发展成果，实现城乡"五位一体"布局的全面融合发展。河南省城乡发展程度差异性大，有现代化程度较高的城市、乡镇和村组（有全国的百强县、百强村），也

---

① 中国新闻网.中国各省区市创新指数排名发布 北京上海并列第一［EB/OL］.（2007－07－13）［2022－03－25］. https://www.chinanews.com.cn/gn/news/2007/07－13/978722.shtml.

② 第一财经.中国区域创新能力排名：广东居首位，长三角前十占4席［EB/OL］.（2020－12－16）［2022－03－25］. https://jingji.cctv.com/2020/12/16/ARTIiW6jBI3rIV6JuwPBRfh0201216.shtml.

有大量的相对落后的城、镇、村。农村经济基础薄弱，发展动力不足、发展方式粗放，因输水工程保障要求资源环境约束严格，产业层次低下，民生保障欠账过多，"三农"问题是其经济发展的短板。河南省以往的贫困人口是全国最多的，在脱贫攻坚决战决胜之年的 2020 年之前，河南省有贫困县 53 个，贫困村 9 536 多个，建档立卡贫困人口 718.6 万，[①] 贫困人口多集中在山区、老区、滩区、沉陷区和限制开发的生态保护区。脱贫攻坚任务完成后，巩固脱贫攻坚成果的任务依然艰巨。南水北调中线工程作为基础性工程，涉及面广泛，对于河南省的影响是全方位的，是河南省城乡协调发展考虑的重要因素。

推进河南省城乡协调发展，从城乡经济协调、乡村振兴战略落实和城乡生产要素自由流动三方面着手。推进城乡经济协调发展是基础工程，实施乡村振兴战略是补短板的重要抓手，促进生产要素城乡自由流动是关键因素。这三者相互联系、相互影响，形成了推进城乡协调发展的战略重点。

我国正在建设社会主义法治社会，推进河南省城乡协调发展，也要建立完善的城乡协调发展相关的法律法规和制度体系。完善乡规民约，需要在推进城乡协调发展过程中统筹谋划，协调推进，实现城乡协调发展各项法律法规和制度有机衔接和贯通，形成完善的规范体系与制度合力。南水北调中线工程牵动的城乡利益关系极其复杂，矛盾、纠纷多有潜伏，尤其是围绕生态环境产生的纠纷会更复杂，生态环境纠纷解决机制应该重点突破。河南省和受水区各地市在各自的法定权限内制定相应的规范和规章制度，县乡镇的工作重点在于贯彻落实。法律的生命力在于执行，制度的生命力在于执行，强化执行力，推进城乡协调发展规范、制度落地生根，用法律法规和制度为城乡协调发展保驾护航。

（三）促进物质文明和精神文明协调发展

河南省是中华文明的重要发源地，历史悠久，文化积淀厚重。改革开放以来仍然存在着两个文明不协调现象，即"一手硬、一手软"现象。在实现全面建成小康社会，从"富起来"转向"强起来"，转向为全面建设社会主义现代化强国而奋斗的征程上，两个文明协调发展比以往任何时候都更重要、更急切。贯彻协调发展理念，坚持两个文明协调发展、双翼共振，"硬实力"和"软实力"相应相称，是河南省社会高质量发展应有之义，精神文

---

① 楼阳生.在中国共产党河南省第十一次代表大会上的报告［EB/OL］.（2021－11－01）［2022－02－15］. https：//henan. china. com/news/yw/2021/1101/2530216116. html.

明建设为人民不断前进"提供坚强的思想保证、强大的精神力量、丰润的道德滋养"。[①]

南水北调中线工程同时也是科技工程、文化工程、精神工程，对河南省精神文明建设而言是一个绝好活教材。南水北调中线工程是处理人与自然关系的世纪工程，凝结了中国共产党领导中国人民认识自然、改造自然的智慧，传承了中华民族优秀文化，是马克思主义在中国实践的新成果，是一系列科学理论的集成。在科技上，南水北调中线工程突破了前人、他人没能解决甚至没有遇到的工程技术难题，创造了一系列工程之最[②]，创造了诸多世界第一、全国第一，同时也提出了许许多多多新的理论和思想，树立了水利工程领域新的标准、规则；南水北调中线工程竖起了一座座精神丰碑，移民精神、科学精神、公关精神彪炳千秋，激励世人；工程安全、水质安全、输水安全转化为对人们生产生活的要求，融合在职业道德、社会公德、个人品德领域，体现在人们的信念和行动上，与社会主义核心价值观相应相称。深入挖掘南水北调中线工程的文化因素，可促进河南省两个文明建设再上新台阶。

第二节　坚持绿色发展理念，促进河南省社会高质量发展

新发展理念中的绿色发展理念是立足中国、放眼世界、鉴古察今、着眼未来的成果；是实事求是、以问题为导向、以人类永续发展为依归、内容深邃、科学严谨的中国方案；是顺应人民群众对美好生活向往的现实需要；是推进中国绿色发展的战略选择。绿色发展理念坚持人、自然、社会和谐共生的发展模式，回答了什么是"绿色发展"、为什么坚持"绿色发展"以及如何推进"绿色发展"等一系列理论问题和实践问题。

一、绿色发展理念的渊源

绿色发展理念解决的是人与自然的关系问题。市场经济的自发性、盲目

---

① 习近平在会见第四届全国文明城市、文明村镇、文明单位和未成年人思想道德建设工作先进代表时强调人民有信仰民族有希望国家有力量　锲而不舍抓好社会主义精神文明建设　刘云山参加会见并在表彰大会上讲话［EB/OL］．（2015 - 03 - 01）［2022 - 03 - 23］．http：//military.people.com.cn/n/2015/0301/c172467 - 26614605.html? isappinstalled＝0.

② 中华人民共和国水利部．南水北调工程，工程之最［EB/OL］．（2011 - 06 - 30）［2022 - 02 - 21］．http：//nsbd.mwr.gov.cn/zw/gcgk/.

性、趋利性、不经济性，资本主义的自私性、侵略性、无序性，借助工业文明的加持，使人对环境的影响和破坏绝非自然经济时代、工场手工业时代所能想象。人与环境的矛盾激化直接威胁到人类自身的生存和发展，经济发展与社会发展、生态文明的和谐发展的重大课题就摆在了世界人民面前。绿色发展的概念是在联合国计划发展署发表的《中国人类发展报告：绿色发展，必选之路》（2002 年）中首次被提出，这是人类对自身发展历史沉痛反思后形成的全新发展思想。①

中华人民共和国成立以后，历代领导人都十分重视人与环境的关系处理问题。因为长年战乱，我国的生态环境恶化，自然环境满目疮痍。毛泽东同志提出了一系列人与环境关系处理的真知灼见，提出要解决好农业、林业与牧业的关系，提出了"三三制"的设想。毛泽东同志指出森林资源与气候改善、水土保持的密切关系，并在《论十大关系》中论述了人类存在、经济发展与自然环境、自然资源之间的统一关系。毛泽东关于勤俭节约、艰苦朴素、反铺张浪费的思想与绿色发展理念倡导的绿色生活方式是一致的。绿色发展的实践坚实向前，1956 年 3 月 1 日，在《中共中央致五省（自治区）青年造林大会的贺电》中，毛泽东发出了"绿化祖国"的伟大号召。自此兴修水利，治理大江大河，成就卓著；防沙治沙也初见成效，塞罕坝机械林场沙漠变绿洲、荒原变林海的事迹堪称典范。毛泽东在绿色发展方面的思想和实践为此后改革开放和中国特色社会主义建设奠定了绿色发展的基础。

改革开放极大地焕发了我国经济活力，环境污染的压力也空前增大。邓小平继续传承和进一步发展绿色发展思想，同时更加重视生态环境保护的制度化、法制化，特别提出制定森林法、草原法、环境保护法等，提出要严格依法办事。② 在他的推动下，生态环境保护法制体系基本建立起来。1978 年《中华人民共和国宪法》第 11 条第 3 款规定："国家保护环境和自然资源，防治污染和其他公害。"首次赋予环境保护的宪法地位，环境保护成为我国一项基本制度；1982 年《宪法》第 26 条规定："国家保护和改善生活环境和生态环境，防治污染和其他公害。""国家组织和鼓励植树造林，保护林木。"这进一步细化并扩大了环境保护的范围，特别强调了林木保护。1979 年 9 月 13 日通过《中华人民共和国环境保护法（试行）》，这是环境保护的基本法，此后，《中华

---

① 陆波．当代中国绿色发展理念研究［D］．苏州：苏州大学，2017.
② 邓小平．邓小平文选：第二卷［M］．北京：人民出版社，1994：146.

人民共和国森林法》（1984 年）、《中华人民共和国水污染防治法》（1984 年）、《中华人民共和国草原法》（1985 年）、《中华人民共和国土地管理法》（1986 年）、《中华人民共和国大气污染防治法》（1987 年）、《中华人民共和国水法》（1988 年）等法律相继出台，生态环境保护和生态文明建设基本做到有法可依。在此过程中总结形成了环境保护的八项制度①，奠定了我国环境管理的基本制度基础。1979 年确定了"植树节"，1981 年第五届全国人民代表大会第四次会议通过了《关于开展全民义务植树运动的决议》，1979 年开始实施"三北"防护林工程，等等，生态环境保护取得了更大的成就。邓小平关于绿色发展的思想为中国特色社会主义生态文明建设巩固了基础，指明了发展方向。

20 世纪 90 年代以后，资源、人口和环境的压力使世界各国开始普遍关注可持续发展的问题。1992 年，联合国环境与发展大会在巴西里约热内卢召开，大会通过了《地球宪章》和《21 世纪议程》，这是世界范围内环境与可持续发展的两个纲领性文件。根据《21 世纪议程》，1994 年中央人民政府编制通过了《中国 21 世纪议程——中国 21 世纪人口、环境与发展白皮书》，确立了可持续发展战略。1995 年，在中国共产党十四届五中全会通过的《中共中央关于制定国民经济和社会发展"九五"计划和 2010 年远景目标的建议》中两次使用"可持续发展"概念。江泽民同志进一步强调必须把实现可持续发展作为一个重大战略，要把节约资源、保护环境放到重要位置，使经济建设与资源、环境相协调，实现良性循环。1996 年，国家确定实施可持续发展战略，"合理开发利用资源，保护生态环境，实现经济社会相互协调和可持续发展"②。"十五"期间可持续发展战略全面推动。2001 年，在中国共产党成立 80 周年大会上，江泽民同志全面阐述了可持续发展战略，提出正确处理经济发展同人口、资源、环境的关系，改善生态环境和美化生活环境，努力开创生产发展、生活富裕和生态良好的文明发展道路。2003 年，胡锦涛同志提出了"科学发展观"，即"坚持以人为本，树立全面、协调、可持续的发展观，促进经济社会和人的全面发展。"并提出"统筹人与自然和谐发展"。科学发展观在世界观和方法

---

① 1989 年 4 月 28 日至 5 月 1 日，第三次全国环境保护会议在北京召开。会议认真总结了实施建设项目环境影响评价、"三同时"、排污收费 3 项环境管理制度的成功经验，同时提出了 5 项新的制度和措施，形成了我国环境管理的"八项制度"，即环境影响评价制度、"三同时"制度、征收排污费制度、环境保护目标责任制度、城市环境综合整治定量考核制度、排污许可证制度、限期治理制度、污染集中控制制度。

② 关于国民经济和社会发展"九五"计划和 2010 年远景目标纲要的报告［N］. 人民日报，1996 - 03 - 19（1）.

论、理论品质、基本原则、宗旨立场等方面与以往中国化马克思主义的成果一脉相承，在发展内涵、发展观念、发展思路上实现了新突破，是对绿色发展思想的新发展。

以低碳循环发展为核心的绿色工业革命兴起，标志着世界工业化进入新阶段，绿色发展成为人类发展的核心。党的十七大以来，我国作出一系列重大决策部署，推动绿色现代化进程。2011年，《中国低碳经济发展报告》发布，明确了绿色经济发展的目标和方向。

党的十八大以来，以习近平同志为核心的党中央继续坚持可持续发展理念，推动绿色发展，推动生态文明建设快速向前发展。2015年4月，国家发布《中共中央　国务院关于加快推进生态文明建设的意见》；2015年9月，中共中央、国务院印发《生态文明体制改革总体方案》；2015年10月，中共十八届五中全会提出"新发展理念"，"绿色发展"作为新发展理念的重要组成部分正式提出。在这些文献和一系列重要活动和思想中，习近平总书记科学地把握人类社会发展规律、人与自然关系认识规律、社会主义建设规律，深刻回答了"为什么建设生态文明""建设什么样的生态文明""怎样建设生态文明"的问题，形成一个系统完整、逻辑严密、体系科学、内涵深邃的理论成果——习近平生态文明思想，是新时代推进生态文明建设的指导思想。

二、绿色发展理念的内涵

绿色发展理念是习近平生态文明思想的核心内容，具有丰富内涵，这里从绿色发展的实质与核心、基本目标、基本要求、制度保障四个重要方面进行阐述。

（一）绿色发展的实质与核心

绿色发展理念的实质是实现人与自然和谐共生，核心是正确处理经济发展与环境保护的关系。习近平强调："绿色发展，就其要义来讲，是要解决好人与自然和谐共生问题。人类发展活动必须尊重自然、顺应自然、保护自然，否则就会遭到大自然的报复，这个规律谁也无法抗拒。"[①] 人来自自然界，以自然界为依托，人的需求离不开自然界。人改造自然要尊重自然规律，不能违背自然规律，否则必将遭到自然规律的惩罚。尊重自然、顺应自然、保护自然，

---

①　中共中央文献研究室.习近平总书记重要讲话文章选编［M］.北京：中央文献出版社，2016：394.

就必须遏制对自然资源的肆意掠夺和对环境的肆意破坏，把经济发展控制在环境和生态所能承载的能力范围之内。只有在生态良性循环下，才能够促进经济发展的可持续。

传统发展理念把经济发展与环境保护对立起来，最终走入"死胡同"，出现了经济发展中的"反噬"现象。新的发展理念坚持经济社会发展的可持续，把环境与经济发展统一起来，是新的生态文明观。树立"绿水青山就是金山银山"的强烈意识①，树立保护生态环境就是保护生产力、改善生态环境就是发展生产力的理念②，解决经济发展同环境保护的紧张关系，就是正确处理人与自然的关系，处理好经济发展同环境保护的关系是绿色发展理念的核心。习近平总书记指出："推动形成绿色发展方式和生活方式，是发展观的一场深刻革命。这就要坚持和贯彻新发展理念，正确处理经济发展和生态环境保护的关系。"③

（二）绿色发展的基本目标

1. 建设美丽中国

党的十八大报告、十九大报告都提出"建设美丽中国"的目标任务。人民对美好生活的追求和向往与社会主义本质和中国共产党的初心使命相统一，建设美丽中国就是要打造一个以满足人民美好生活的需要为中心的生态环境，让人民群众在人与自然和谐交融中感受自然美、生态美和环境美，让人民群众在"天蓝、地绿、水清"的宜人环境中快乐劳动、幸福生活。

建设美丽中国也完全符合人类社会发展的价值取向。人是大自然的产物，来自自然，独立于自然，同时又是自然的组成部分，人无法离开自然环境而生存。在人与自然的关系处理上，由于人类的过度索取，对大自然进行伤害后，大自然总是以加倍惩罚来警告人类，人类不得不在伤痕累累之后学会与自然和解。人类社会的发展，是生产力（包括自然力）与生产关系矛盾运动，进而带动整个社会不断向着更高、更好、更美的方向发展。世界更美好是人类共同的梦想，祖国更美好、建设美丽国家是每一个国人的共同追求。建设美丽中国既是实践内容也是奋斗目标，应和着全体国人的心声，激励着国人的脚步，召唤国人为实现中华民族伟大复兴的中国梦砥砺前行。

---

① 习近平.习近平谈治国理政：第二卷［M］.北京：外文出版社，2017：393.
② 习近平.习近平谈治国理政［M］.北京：外文出版社，2014：209.
③ 中共中央文献研究室.习近平关于社会主义生态文明建设论述摘编［M］.北京：中央文献出版社，2017：15.

2. 增进人民群众的生态福祉

生态福祉即生态幸福，是人们对生态环境的主观心理体验，是对生态环境满意幸福程度的一种价值判断。这种判断因人而异，具有主观差异性，又具有客观实在性，即生态环境条件和现实状态包含可以使人们获得满意、幸福及其可以达到一定程度的客观因素。生态幸福指数是衡量生态幸福感的标准。生态福祉是工业文明进化到生态文明后，人们由更多关注经济向同时关注生态的转向，是文明进步的体现，人们对生态的需求、对环境的期待构成其生活的一部分。绿色发展目标中的生态福祉正是顺和这种转向的需要。习近平总书记指出："环境就是民生，青山就是美丽，蓝天也是幸福。"[①] 环境总是开放的，因而对于环境中的每一个人都是公平的。"良好生态环境是最公平的公共产品，是最普惠的民生福祉。"[②] 增进人民群众的生态福祉，就要合理安排、科学规划他们的生活居住环境，建造美丽、舒适、安全的人与自然和谐交融的幸福家园。

（三）绿色发展的基本要求

绿色发展已经成为人类发展的主旋律。坚持绿色发展，要求在发展理念、生产方式、生活方式上做根本的转变。在理念上，倡导生态价值观和生态伦理观；在生产方式上，转变经济发展方式，实行以生态技术为支撑的绿色生产，发展低碳经济、循环经济；在生活方式上，推行以低碳为基础的绿色消费。

1. 转变经济发展方式

传统的经济发展方式是粗放型经济增长方式，高投入、高消耗、高污染、低效率，经济发展与社会效益、生态效益之间存在紧张关系，牺牲了环境，丧失了健康，最终经济利益也被夺去，人们不得不从恶劣环境中退出、退出、再退出……因此，必须转变经济发展方式。绿色发展方式以人与自然和谐共生为价值取向，是可持续的发展方式，发展的各环节和全过程都符合生态发展规律，是以创新为第一驱动力、以绿色技术为手段形成的发展方式。

2. 发展循环低碳经济

"不存在垃圾，只存在放错了地方的资源。"这一观点形象反映了"垃圾""资源"与人的行为之间的关系，究竟是垃圾还是资源，这内含着科学技术的力量。该观点也指明了资源充分利用的方法和途径，大力发展循环低碳经济是

---

①② 中共中央文献研究室. 习近平关于社会主义生态文明建设论述摘编［M］. 北京：中央文献出版社，2017：4.

推进绿色发展的重要手段，是节约能源、保护环境的有效途径。

全球气候变暖严重危及人类的生存和发展，其物质层面的原因是大气中二氧化碳浓度升高，而人方面的原因是人为过度排放，解决办法即减少排放，发展低碳经济与推行低碳生活方式。低碳经济是以低能耗、低排放、低污染为基础，以创新和观念转变为核心的经济模式，是继工业文明之后整治工业文明"不文明行为"的正确路径。

3. 推动绿色生产方式的形成

绿色生产方式指在生产过程中，在处理人与自然、人与人关系的每一个环节和全过程都要符合生态文明的要求，是有价值取向的生产方式，是以人与自然和谐共生为价值取向，以绿色技术创新为驱动手段而形成的生产方式。建立绿色产业体系是推进生产方式绿色化的中心内容，加快推进生产方式的绿色化是决定能否实现绿色发展的关键因素，是贯穿绿色发展进程始终的中心，是实现绿色发展的主要着力点。

4. 推动生活方式的绿色化

生活方式的含义相当广泛，既包括人们的物质生活方式，也包括精神生活方式。生活方式体现着人们不同的价值观、道德观和审美观，在不同社会条件下，构成不同个体、群体的生活模式，推至全社会则会形成相应的社会风尚。生活方式绿色化是将保护环境、崇尚自然的理念融入生活的方方面面，使"绿色化"成为一种自适的生活状态，进而在全社会形成崇尚生态文明、树立环保意识、培养节约理念、坚持适度消费和绿色健康生活、反对铺张浪费和奢侈消费的良好氛围。生活方式绿色化要求培育社会公众的环保意识，培育绿色文化，使生态文明成为社会主流价值观。生态文明建设人人有责，"每个人都应该做践行者、推动者""推动形成节约适度、绿色低碳、文明健康的生活方式和消费模式，形成全社会共同参与的良好风尚"①。

（四）绿色发展的制度保障

制度是管全局的。推动绿色发展，建设生态文明，重在建章立制，保护生态环境必须依靠制度、依靠法治。生态恶化已经危及人类，环境污染阻碍了发展的可持续性，商品经济的趋利性总是使环境成为牺牲品，地方保护、部门利益一度使环境保护法失去刚性作用，必须用最严格的制度、最严密的法治保护

---

① 习近平 . 习近平谈治国理政：第二卷［M］. 北京：外文出版社，2017：396.

生态环境，^① 必须建立健全生态环境保护和生态修复补偿制度，建立完善生态责任追究和政绩考核制度等，使绿色发展得以有刚性的制度和法律保驾护航。

三、坚持绿色发展理念，促进河南省社会高质量发展

绿色发展理念将保护环境作为实现可持续发展的重要支柱。绿色发展是在生态环境容量和资源承载能力约束下的发展，在理念上倡导生态价值观和生态伦理观；在生产过程中实行以生态技术为支撑的绿色生产；在生活方式上推行以低碳为基础的绿色消费。

绿色发展离不开水这种最基础的资源，没有水就没有生命和绿色。南水北调中线工程从构想、设计、施工到建成运行全过程都贯彻了绿色发展理念，工程输送的优质水源为工程沿线解决经济、社会与生态协调发展问题奠定了最佳基础条件。作为工程水源地和主要受水区的河南省，其社会高质量发展直接从南水北调中线工程获得绿色的滋养和更大更多的发展空间。但守着高山非绿色，靠近绿水非宜人。绿色发展是有价值取向的发展、有约束的发展。要实现人与自然和谐共生，实现河南省高质量发展，必须坚持以绿色发展理念为指导，同时贯彻习近平生态文明思想，坚持生态优先、保护第一，统筹山水林田湖草沙综合治理、系统治理、源头治理，推动减污降碳协同增效，把河南省建设成为生态强省。^②

（一）确立绿色发展理念

理念是一种永恒的、理想的、精神性的普遍范型^③，是人们对某种事物的相对稳定的看法或思想，包含着价值选择和价值追求，具有价值倾向性。理念来源于实践，并随着实践的发展而不断发展；理念指导实践，为实践提供精神动力。理念的正确与否决定着实践的成效乃至成败。在社会发展问题上，理念对整个社会发展产生重大而深远的影响。绿色发展理念以人与自然和谐为价值取向，是推动社会经济持续健康发展的正确理念，为实现河南省高质量发展指明了方向。

绿色发展理念之于河南省具有特别之处。首先，河南省既是南水北调中线工程的水源地，又是重要的受水区，工程干线长度占比最多，地位重要。

---

① 习近平. 习近平谈治国理政：第二卷 [M]. 北京：外文出版社，2017：396.

② 河南省委书记楼阳生在中国共产党河南省第十一次代表大会上的报告 [EB/OL]. (2021-11-01) [2022-02-15]. https://henan.china.com/news/yw/2021/1101/2530216116.html.

③ 中国大百科全书·哲学卷 [M]. 北京：中国大百科全书出版社，1987：465.

此外，还有其他特殊原因：其一，河南省地处我国中西部，经济基础薄弱，生产力水平相对落后，科技实力不足，创新能力不强，承接发达地区转移的产业多属于技术含量相对较低、环境污染严重的产业，经济效益与环境效益的矛盾突出；其二，河南省经济实力总量排名靠前，但人均经济总量排名靠后，大而不强，内部贫富差异悬殊，与其他地区差别较大，超赶发达地区的内在诉求格外迫切，"GDP至上"观念依然很浓；其三，鉴于国家对河南省"粮食主产区"的战略安排与粮价限制，为保产量或收成，对化肥、农药的依赖性很强，尤其除草剂的普遍使用对环境的破坏更严重；其四，这也是工程保障的严格要求。南水北调工程"事关战略全局、事关长远发展、事关人民福祉"，国家、河南省和受水区相关部门已经就南水北调工程安全、水质安全、输水安全制定了严格的保护制度和法律法规，对水源地、受水区环境保障作出了一系列规定，并规定了严格的责任，涉及人们生产生活的方方面面，在重要项目上还规定有具体的环境指标、标准。另外，河南省分水量占比最大，是直接受益人，更应自觉、有意识地树立绿色发展理念，同时落实到行动中。

（二）融入国内外市场，构建新发展格局

南水北调中线工程水源地涉及豫鄂陕三省和川渝两地，干渠连通了豫冀京津地区，工程"联姻"，使这些省市有了新的连接点。然而，工程的意义并非仅限于这几个省市而已，而是"事关战略全局"、事关长远的民生工程，是整个国家战略布局的重要组成部分。河南省高质量发展并不仅仅是河南省的事情，而是联系着工程沿线各省市的发展，联系着全国的发展。河南省的发展，必须有广阔开放的视野，必须构建新发展格局。

坚持开放发展理念本就是新发展理念之一，坚持绿色发展内在需要开放助力。河南省深居内陆，在国家开放政策展开的时间梯度上稍稍靠后，国际层面上的联系不如沿海沿边地区，在发展外部条件上稍逊一筹。改革开放的实践深刻说明，封闭没有出路，一个国家、一个地方要想快速发展，在立足自身力量的基础上，一定要把本国、本地区的发展纳入更大的循环中，参与更广泛领域的社会分工，发挥自己的优点；参与广泛竞争，获得更多的比较优势。河南省要加快建立更加有效的区域协调、合作发展新机制、新路径、新模式，自觉主动落实省内区域规划优势；主动出击，寻找、开展和融入省际、区际区域合作；积极融入对接国家重大区域战略；利用郑州航空港、一带一路、中欧班列等对外联系的通道融入世界经济大循环。

（三）维护水生态平衡，奠基水网工程

河南省水资源总量少、人均占有量少，水资源生产、生活缺口大，水的总体质量差。南水北调中线工程的正常运行极大改善了区域内水环境，民众生活环境得到优化是不言而喻的。但是，要做到在原有水环境基础之上发挥南水北调中线工程最大效益，仍需在科学发展理念指导下，统筹规划，科学施策。

为解决重大水安全问题，党和国家决定实施"国家水网"重大工程，做到"系统完备、安全可靠、集约高效、绿色智能、循环通畅、调控有序"①。2021年郑州"7.20"特大暴雨的惨痛教训，使人们认识到对水环境做好科学规划的重要性。从全国"一盘棋"着眼，要求把河南省地方区域水安全与"国家水网"建设融为一体。就地方考虑，要求地方、区域把水网"织密""织实"，做细做强。河南省横贯长江、淮河、黄河、海河四大水系；有中小河流一千五百多条，湖、库、淀、塘星罗棋布；空气水、地表水、土壤水、地下水循环融通，互为一体。有"污"共"染"，洁净共享。构筑完善的生态保护格局，需要"宏""微"共谋：把南水北调工程与河南省水网建构一体规划，既要关注干渠工程、大江大河、大库大湖，也要重视干渠辅助工程，重视小河、坑塘，淀池、泥沼。理清"中线干渠—大河大湖—小河小潭—沟渠坑塘"内在联系机理，关注水网主"动脉"，也要重视"静脉血管、毛细血管"畅通。

人们具体生产生活环境改善首先是从眼前的细微开始而至于宏大高远的。②"厕所革命"、城乡坑塘改造……这些细处着手的"革命性"行为的价值就在于见微知著，大事做细，一发动全身。在绿色发展理念的指引下，河南省高质量发展从脚下起步，从改善人们生活的细节品质开始，渐次展开波澜壮阔的绿色画卷。

（四）转变经济发展方式，工程无虞造福沿线群众

绿色发展理念要求经济发展方式是环境友好型、资源节约型的发展方式。工程设计、施工、运行的整个过程严格贯彻了绿色发展理念，工程后续发展继续贯彻绿色发展理念，正确处理工程、输水和水质与周围环境的关系，对水源

---

① 中国新闻网. 水利部部长李国英介绍国家水网重大工程建设有关情况［EB/OL］.（2022 - 03 - 08）［2022 - 04 - 03］. https://www.chinanews.cn/gn/2022/03 - 08/9695822.shtml.

② 随着社会的发展，生产能力增强，产生的垃圾也快速增多，污染愈发严重，无论城市还是乡村，小水体的污染已经严重危及人们的生活环境，垃圾日常臭气熏天，一到雨季，垃圾四溢，江河即为纳垢之所，土壤亦成藏污之地。城镇垃圾处理的压力尚且越来越大，农村更是任其堆放，后果可想而知。且多地已经发生城镇向农村偷倒垃圾的案例。

地进行严格保护，在工程沿线划定保护区域，建设绿色工程、绿色水源地、绿色水体、绿色土壤、绿色环境，发展绿色 GDP，保证工程安全、供水安全、水质安全、确保"一泓清水永续北上"。

南水北调中线工程水源地、受水区承担着工程正常运行的艰巨任务，工程统筹经济效益、社会效益和生态效益。[①] 为保工程正常运转，造福于民，中央、地方分工负责，多措并举，制定了配套的政策、法规，制定了《国务院南水北调工程供用水管理条例》（2014 年）、《河南省南水北调配套工程供用水和设施保护管理办法》（2016 年）、《河南省南水北调饮用水水源保护条例》（2022 年）等多个法律文件，对各类产业和人们生产、生活诸多方面做出详细规定，在环境保护、污染防治、生态责任上明确了各主体的职责分工，严格责任追究。"坚持以水而定、量水而行，把水资源作为最大刚性约束"[②]，在工程沿线划定区域进行严格保护，对水体、土壤和生态环境规划保护红线。河南省委工作报告中强调："必须从守护生命线的政治高度……把水源区生态保护作为重中之重，加强石漠化和水土流失治理，推进总干渠两侧生态保育带建设，构建渠、湖、山、林有机融合的生态绿廊。""推进南水北调后续工程高质量发展，加快调蓄工程、城镇水厂及配套管网建设，巩固提升供水保障能力。"[③] 法规实施，政策落地，为确保河南省的水绿、山青、土净，天更蓝、空气更清新、人民更幸福保驾护航。

（五）形成绿色生产方式

1. 全面推进河南省绿色生产方式转型

绿色发展的要求与南水北调中线工程、输水保障的要求产生双向逼迫效应，逼迫转变传统发展方式，推动河南省产业绿色化转型，形成绿色生产方式。全面推进河南省绿色生产方式转型需要全面部署，包括：构建绿色农业、绿色工业和绿色服务业融合发展的生态产业体系；高标准制定实施河南省碳排放、碳达峰行动方案；推进用水权、用能权、排污权市场化交易，积极参与全国碳排放权交易市场；大力发展绿色金融、绿色财政、绿色税收，加大财税金

---

① 《南水北调工程供用水管理条例》（2014 年）第一条　为了加强南水北调工程的供用水管理，充分发挥南水北调工程的经济效益、社会效益和生态效益，制定本条例。

② 中共中央　国务院关于新时代推动中部地区高质量发展的意见［EB/OL］.（2021 - 07 - 22）［2022 - 02 - 03］. http：//www. gov. cn/xinwen/2021 - 07/22/content_5626642. htm.

③ 楼阳生. 高举伟大旗帜　牢记领袖嘱托为确保高质量建设现代化河南　确保高水平实现现代化河南而努力奋斗——在中国共产党河南省第十一次代表大会上的报告（二〇二一年十月二十六日）［EB/OL］.（2021 - 11 - 01）［2022 - 01 - 02］. http：//www. henan. gov. cn/2021/11 - 01/2338346. html.

融支持力度，充分发挥中央财政对中部地区转移支付效用，发挥其他受水区与河南省对口支援中的人才技术支撑优势，全面提高资源利用率，促进绿色低碳循环发展，促进能源资源节约集约化利用；加强生态环境保护综合执法，深化生态保护补偿制度改革，提高环境治理能力。

2. 发展绿色农业，构建农业发展新格局

河南省作为农业大省，担负着国家粮食供应的重任。以往人地争水的矛盾突出，南水北调中线工程投入使用以后，缓解了这一矛盾，但同时环境维护、生态保护约束性的限制又对河南省农业的发展提出严格的要求，急需其改变落后的农业生产方式，向现代农业转型，贯彻绿色发展理念，推行绿色农业生产方式。

我国进入工业文明时代以来，农业由一统天下的地位逐渐退居到产业末尾，究其原因是因为对产业演进规律的浅识，再加上政策的偏执导致产业之间疏离，产业发展僵化。而事实上，社会每前进一步，现代科技每一束阳光照射到农业这一领域，都会使农业焕发出无限的生机，第二、三产业与第一产业的融合发展，必将开辟出无穷无尽的发展前景。

社会发展不断提出新的需要，"水有保证"之后，可使现代技术与农业联姻，开拓出农业发展的新格局。生物工程、生命工程预示农业的发展前景无穷无尽；良种开发，解决了粮食生产的"种子芯片"难题，摆脱受制于人的窘境，"良种"又是农业的"富矿"；交通发展、通信、数字技术在农业中的应用，催生出生态农业、观光农业、都市农业……新业态，数字农业、智慧农业……新技术，开辟了绿色农业发展新路子，奠定了维护生态平衡的技术基础。

中医药是中国的国医国药，河南省是"医圣"张仲景的故乡，南水北调中线工程水源地是他的家乡。习近平总书记视察南阳时专门参观了医圣祠，对中医中草药的发展寄予厚望。河南省得天时享地利，再借南水北调中线工程佐辅，因地制宜，抓牢中草药中医发展的良机，打通产业之间的机理，前景不可限量。

做长农业产业链，完善农业产业体系，与第二、第三产业融合，促进产学研融合发展、农工商贸融合发展。充分利用"南水"优势，推进绿色农业生产、农业服务和农业产品品牌化、标准化；畅通金融财税支农渠道，完善农业绿色发展生态补偿相关政策，加大中央财政对南水北调水源地丹江口库区重点生态功能区的转移支付力度，支持在丹江口库区开展生态补偿试点；完善支持和保障绿色农业发展的各项制度和法律法规，制度化、规范化保障实现河南省农业绿色发展的长效化。

3. 建设"一带两边"绿色长廊

南水北调中线工程建成以后，形成了纵贯河南省南北的"清水走廊""绿色长廊"，连接伏牛山、太行山等众多雄奇瑰丽、神秘莫测的自然景观和少林寺、安阳殷墟等积淀丰厚、闻名遐迩的历史文化遗产，恰似在河南大地从南到北铺开了一幅集历史、山水、人文于一体的绝美长卷，展现了大半个中国历史的波澜壮阔、山河的俊秀壮美；徜徉其中，可以探寻中国文化的基因根脉、切身感受中国人文的涵泳厚重。围绕南水北调中线工程科学规划，精心施策，借助大数据、互联网打造绿色旅游线路，开发新的旅游热点。

工程干支渠及其两岸的开发需要走出"半绿色"封闭管理模式。在原有的相关的制度和规范中，对南水北调中线工程实施严格保护措施，人们只能远观，不可近玩，更不能进入有"要地""禁入"标识的地区。事实上，在现有技术和管理条件之下所谓的"禁区"已经不再是不可逾越的障碍。大胆开放，大胆设计，科学管理，走"全绿色"管理模式，以工程为纽带融合三产，做到安全、绿色、生态、效益、人文、社会完美结合，释放出南水北调中线工程得天独厚的资源优势。

(六) 践行绿色生活方式，倡导绿色消费模式

南水北调中线工程本身已经给沿线人们的生活环境塑造了一道靓丽的风景线，工程安全、水质安全和输水安全的保障需要产生的倒逼效应又要求高质量的社会发展与之相适应，要求推行绿色生活方式，倡导绿色消费。绿色生活方式涉及人们的消费、出行、居住等许多方面。其中，绿色消费模式是绿色生活方式的重要内容。习近平总书记指出倡导绿色消费，践行绿色生活方式是"呵护人类共有的地球家园，成为每个社会成员的自觉行动"。[①]党的十九大报告也指出："倡导简约适度、绿色低碳的生活方式，反对奢侈浪费和不合理消费。"

绿色消费模式是一种生态化、可持续的消费方式，是解决经济发展与环境保护矛盾的正确选择。河南省是人口大省，民风古朴，人们生活习惯中"方便""随意"等态度随处可见，往往不经意的一个举动、一个制度安排对自然、环境可能就是一种伤害。强化全民环保意识，开展低碳型社会创建，倡导绿色

---

① 习近平. 携手推进亚洲绿色发展和可持续发展 [N]. 人民日报, 2010 - 04 - 11 (1).

出行、绿色消费，拓宽"绿水青山"与"金山银山"转化通道，进一步推进生活废旧物资循环利用体系建设，健全生态保障体系，加强环境保护监督的实效性，健全环境公益诉讼制度，把绿色生活方式引导到规范化、法治化轨道，使得河南省的天更蓝、水更绿、土更净、空气更清新。

在实现绿色发展的过程中，政府是主导，企业是主力，公众则是最为广泛的基础力量，政府、企业和公众相向而行、互相监督、齐心协力，构建绿色消费模式，践行绿色生活，促进河南省生产方式绿色化转型升级，建设生态强省。

第三节　坚持共享发展理念，促进河南省社会高质量发展

发展是中国共产党执政兴国的第一要务，发展为了人民、发展依靠人民、发展成果由人民共享。在中共十八届五中全会上习近平总书记提出的"新发展理念"中的共享发展注重解决社会公平正义问题，立足于以人民为中心、人民利益至上的价值立场，提出按照人人参与、人人尽力、人人享有的要求，坚持做出更有效的制度安排，使全体人民在共建共享发展中有更多获得感，朝着共同富裕方向稳步前进。[1][2]《中共中央关于党的百年奋斗重大成就和历史经验的决议》强调要"推动人的全面发展、全体人民共同富裕取得更为明显的实质性进展"。在"两个一百年"奋斗目标的历史交汇期强调深化共享发展理念，对实现全体人民共同富裕具有重要意义。

一、共享发展理念的渊源

共享发展理念是中国共产党人在长期执政过程中形成的新的发展理念，是中国特色社会主义发展道路的指导思想。共享发展理念有其深刻的国内与国际、历史与现实背景。站在国内视角审视，共享发展理念体现了中国特色社会主义的本质要求，是社会公平正义的价值选择，是全面建成小康社会的目标所在，是解决新时代中国社会主要矛盾的正确选择，是构建人类命运共同体的国

---

[1]　中共中央关于制定国民经济和社会发展第十三个五年规划的建议 [N]. 人民日报，2015-11-04 (1).

[2]　中国共产党第十八届中央委员会第五次全体会议公报 [EB/OL]. (2015-10-29) [2022-03-29]. http://www.xinhuanet.com//politics/2015-10/29/c_1116983078.htm.

内响应。从国际视角审视，共享发展理念可以应对世界发展过程中面临的困境，解决世界市场经济中资本野蛮扩张带来的破坏性后果，同时也是解决世界和平发展问题的金钥匙，能够促进世界人民的合作与共赢，共建美好和谐的人类命运共同体，让世界人民共享世界发展成果。

共享发展理念来自实践，也有其深刻的文化理论渊源，有中华文化和中国精神时代精华的滋养——是对中国"天下为公""大同""均平"等思想的弘扬；有世界文明成果的借鉴——是对世界各国公平正义理念、社会福利等思想的扬弃。共享发展理念是对马克思主义的继承与创新，是马克思主义与中国实际相结合的最新成果；是毛泽东思想、邓小平理论、"三个代表"重要思想、科学发展观共享发展思想的赓续和深化，共享发展理念也必将随着中国特色社会主义建设事业的进一步深化而不断地深化和继续发展。

二、共享发展理念的内涵

共享发展理念是习近平对马克思主义社会发展理论的长期思考与对中国特色社会主义建设实践的归纳与总结，是对世界局势的洞悉、应对的伟大成果。习近平总书记关于共享发展的言论、论述内容十分丰富，贯穿于工作的每一个时期，存在形式多种多样，散见于习近平的活动、言论、讲话、报告、论著和党的各类文件中。共享发展理念具有丰富而深刻的内涵。

（一）共享发展理念的重要文献

2015 年 10 月，中国共产党十八届五中全会提出："坚持共享发展，必须坚持发展为了人民、发展依靠人民、发展成果由人民共享，使全体人民在共建共享发展中有更多获得感，增强发展动力，增进人民团结，朝着共同富裕方向稳步前进。"《中共中央关于制定国民经济和社会发展第十三个五年规划的建议》中，明确了共享的性质，指出共享是中国特色社会主义的本质要求，要求"必须坚持发展为了人民、发展依靠人民、发展成果由人民共享，作出更有效的制度安排，使全体人民在共建共享发展中有更多获得感"，坚持把实现好、维护好、发展好最广大人民根本利益作为发展的出发点和落脚点，健全基本公共服务体系，完善共建共治共享的社会治理制度，扎实推动共同富裕，不断增强人民群众获得感、幸福感、安全感，促进人的全面发展和社会全面进步。

2017 年 10 月，党的十九大明确将涵盖共享发展在内的新发展理念提升到新时代中国特色社会主义十四条基本方略的战略高度。

2020 年 10 月，《中共中央关于制定国民经济和社会发展第十四个五年规划和二〇三五年远景目标的建议》明确，在"十四五"时期经济社会发展必须遵循的原则有："坚持以人民为中心。坚持人民主体地位，坚持共同富裕方向，始终做到发展为了人民、发展依靠人民、发展成果由人民共享，维护人民根本利益，激发全体人民积极性、主动性、创造性，促进社会公平，增进民生福祉，不断实现人民对美好生活的向往。"明确了"十四五"时期经济社会发展主要目标，其中包括：民生福祉达到新水平。实现更加充分更高质量就业，居民收入增长和经济增长基本同步，分配结构明显改善，基本公共服务均等化水平明显提高，全民受教育程度不断提升，多层次社会保障体系更加健全，卫生健康体系更加完善，脱贫攻坚成果巩固拓展，乡村振兴战略全面推进。提出了系统的解决方案，包括：完善分配制度，提高人民收入水平；强化就业优先政策；建设高质量教育体系，建设学习型社会；健全多层次社会保障体系，完善全国统一的社会保险公共服务平台；把保障人民健康放在优先发展的战略位置，全面推进健康中国建设；实施积极应对人口老龄化国家战略；加强和创新社会治理，完善社会治理体系，推进市域社会治理现代化。[①]

2021 年 11 月，中共十九届六中全会通过的《中共中央关于党的百年奋斗重大成就和历史经验的决议》总结中国共产党百年奋斗的历史经验之一就是："坚持人民至上"，并指出："党的根基在人民、血脉在人民、力量在人民，人民是党执政兴国的最大底气。民心是最大的政治，正义是最强的力量。"并强调："始终坚持全心全意为人民服务的根本宗旨，坚持党的群众路线，始终牢记江山就是人民、人民就是江山，坚持一切为了人民、一切依靠人民，坚持为人民执政、靠人民执政，坚持发展为了人民、发展依靠人民、发展成果由人民共享，坚定不移走全体人民共同富裕道路。"[②]

习近平总书记在共享发展理念的表述中充分体现民本思想，指出："国家建设是全体人民共同的事业，国家发展过程也是全体人民共享成果的过程。"[③]"生活在我们伟大祖国和伟大时代的中国人民，共同享有人生出彩的机会，共

---

① 参见《中共中央关于制定国民经济和社会发展第十四个五年规划和二〇三五年远景目标的建议》之十二：改善人民生活品质，提高社会建设水平．

② 中共中央关于党的百年奋斗重大成就和历史经验的决议（2021 年 11 月 11 日中国共产党第十九届中央委员会第六次全体会议通过）[EB/OL].（2021 - 11 - 16）[2022 - 02 - 15]. http://www.gov.cn/zhengce/2021 - 11/16/content_5651269.htm.

③ 中共中央文献研究室．习近平关于协调推进"四个全面"战略布局论述摘编 [M]. 北京：中央文献出版社，2015：44.

同享有梦想成真的机会，共同享有同祖国和时代一起成长与进步的机会。"①
"共建才能共享，共建的过程也是共享的过程。要充分发扬民主，广泛汇聚民智，最大激发民力，形成人人参与、人人尽力、人人都有成就感的生动局面。"②

（二）共享发展理念的内涵

1. 共享主体——全体人民

从共享发展理念的酝酿到共享发展理念的初步形成，都紧紧围绕着"人民"这一主体展开，共享发展理念的正式提出，更加稳固了人民的中心地位。社会主义的根本目的就是一切为了人民。对人民主体的承认与尊重，是共享发展理念的重要内涵，是共享发展的价值指向，也是共享发展理念正当性的体现。习近平总书记强调，共享是中国特色社会主义的本质要求，是社会主义发展的重要目标，一切发展都是为了全体人民，必须牢牢坚持这一点。

"为了全体人民"是共享发展理念的主旨，也是中国共产党宗旨所在。社会主义国家本质决定了共享发展理念的目的就是必须为了人民。马克思主义创始人马克思、恩格斯肯定了资本主义发展初期生产力的迅猛发展和社会物质财富的极大丰富，但这些财富并不掌握在广大无产阶级手中，他们被排除在社会发展成果分享的大门之外，是垄断资产阶级掌握了社会的绝大多数财富，即便进入 21 世纪，资本主义世界的主要财富仍然控制在极少数富人手中。我国是社会主义国家，人民群众是国家的主人，是他们推动了中国的发展，他们有权利享受国家发展的一切成果。共享发展理念要求发展成果由全体人民共享，在中国特色社会主义社会全面走向繁荣富强的道路上，一个人也不能落下。

全民共享是一种存在差异的共享。全民共享并不意味着消除差异，差异是无法消除的，很多时候也不必消除，差异的存在是一种必要。基于社会分工和个体差异性的存在，共享发展理念要将平等与差异结合起来。在社会发展动力上，存在差异是激励社会成员的必要条件。允许差异，建立起激励机制，鼓励多劳多得，才能保持社会的活力。但是，差距过于悬殊将造成社会结构失衡，社会关系撕裂，最终会导致社会崩溃。习近平总书记告诫全党：绝不能出现"富者累巨万，而贫者食糟糠"的现象。

---

① 习近平 . 习近平谈治国理政 [M]. 北京：外文出版社，2014：40.
② 中共中央文献研究室 . 习近平总书记重要讲话文章选编 [M]. 北京：中央文献出版社，2016：403.

2. 共享内容——全面共享

共享发展明确了"发展成果由人民共享"这一要求。人民共享的成果是社会的"发展成果",社会发展是包括物质文明和精神文明在内的全面发展。中国共产党领导人民实现的全面建成小康社会和开启的全面建设社会主义现代化,涵盖经济、政治、文化、社会、生态、科技、环境等社会发展的每一个方面,每一种成果都由人民创造,反过来,人民都有权利享有这些成果。人民所享有的发展的成果是全面的、完整的,是对人民各种需要的满足,这种需要既有物质方面的,也有精神文化方面的;既有生存需要的满足,也有发展需要的满足;既有衣食住行的日常生活成果需求,也有民主法治社会治理的参与需求。在新的发展阶段,共享内容的广度与深度不断拓展,人民群众的需要变得更加多元,习近平总书记提出要让人民群众获得更丰富、更全面、更完整的利益。

3. 共享路径——共建共享

人民群众是历史的创造者,人民群众是推动社会历史发展的决定力量,是历史唯物主义最基本的观点。社会主义事业的依靠力量就是共产党领导下的广大人民群众。中国特色社会主义的伟大实践由中国人民推动,发展的成果由人民群众创造。在中共十九届六中全会通过的《决议》中总结有一条深刻的经验:"坚持人民至上。""坚持发展为了人民、发展依靠人民",离开了广大人民群众的共同努力,社会财富,共享的物质基础就落空。共享需要以共建为基础,只有共同的使命与担当,才能实现共享发展。共建的过程也是共享的过程,共建与共享体现了全体人民责任感、使命感,体现了人民群众的主人翁地位。共享发展理念要求每一位社会成员投身到国家发展大潮中,发挥主人翁精神,发挥创造性、积极性、主动性,创造出更多、更优质的产品和服务,增加社会供给总量,供所有人分配与分享,使人民群众在劳动创造中有更多的获得感、幸福感。

中国梦与中华民族的伟大复兴依赖于广大人民群众的广泛参与。习近平总书记指出了全体群众同心协力群策群力的重要性,特别强调共享发展理念"给农村发展注入新的动力,让广大农民平等参与改革发展进程、共同享受改革发展成果"。① 他强调,壮大共建队伍,团结就是力量,人心齐了力量才足,要

---

① 肖巍,顾钰民.当代中国马克思主义研究报告(2015—2016)[M].北京:人民出版社,2017:442.

建立更适宜的机制和渠道，尽可能吸纳最大多数建设人才；要胸怀天下，发扬民主，听民意、汇民智、聚民力，形成人人参与、人人尽责、人人享有发展成果的良好局面。

4. 共享过程——渐进共享

社会始终处于渐进发展中。社会主义从其产生的那一刻起一直都面临着多种多样外部势力的干扰、阻挠乃至扼杀，发展从来不是一帆风顺的。中国特色社会主义事业更是前无古人的伟大实践，每一个成就的取得都是亿万民众艰难跋涉、艰苦奋斗拼搏出来的。中国仍然处于社会主义初级阶段，生产力水平与社会生活水平仍处于相对较低的层次，粗放型的发展模式还没有根本性的转变，城乡区域发展不平衡，环境问题仍然突出，世界正经历百年未有之大变局，中国发展的国内外环境并不宽松。美好的社会不可能一天就建起来，社会财富增加是一个日积月累的过程。"共享发展必将有一个从低级到高级、从不均衡到均衡的过程。"① 共享发展理念的实践是逐步推进、渐次展开的过程。当前我国社会的主要矛盾是人民日益增长的美好生活需要和不平衡不充分的发展之间的矛盾。不平衡和不充分决定了建设任务的长期性、艰巨性，共享成果也只能是在发展中逐步提高、逐步改善，不可能一下子达到一个很高的水平。人民共享发展成果，共享发展是过程中的，同时具有阶段性。

三、坚持共享发展理念，促进河南省社会高质量发展

南水北调工程给河南省带来了基础性资源需求，助力河南省经济社会的健康发展，但产生的问题和压力需要长时期消化、转化。针对南水北调工程产生的复杂问题，共享发展理念可以为河南省社会高质量发展提供理论依据。

"人民对美好生活的向往，就是我们的奋斗目标。"解决好河南省特别是受水区群众"急难愁盼"问题，让群众有持续不断的获得感、幸福感、安全感。

（一）工程直接使河南人民受益

南水北调中线工程是生态工程和民生工程，实现了全国"一盘棋"、优质资源在其他地区的分享、共享。工程建成通水以后，积极推进共享发展，为河南省目前的 11 个省辖市、34 个县提供优质水，解决了多地水资源短缺问题；提升受水区居民饮用水水质，保证水质在 II 类水以上；提供生产生活和工农业用水，促进生态农业和绿色农业的发展，改善生态环境；改善了受水区域的投

---

① 习近平. 习近平谈治国理政：第二卷 [M]. 北京：外文出版社，2017：216.

资环境，推进产业优化，促进受水区与水源区互利共赢，促进河南省经济社会高质量发展。

南水北调中线工程受水区并没有遍及河南省全境，在共享发展理念指导下，在必要和可能的前提下，应尽可能扩大受水区，扩大供水范围，进一步进镇入村，让更多的河南人分享工程成果，实现工程的经济效益、环境效益、生态效益和社会效益最大化。

（二）工程补偿报偿保障河南省人民共享国家发展红利

南水北调中线工程起自河南省，人们在分享工程成功带来的巨大利益和幸福之时，绝不能忘记河南省人民为此付出的巨大牺牲。工程给河南省带来的压力和问题需要长时间才能消解。这些问题和压力主要在于：一是增加库容、修建水利工程占用了大量土地，削弱了农业基础地位，人地矛盾愈加突出；二是因保护环境、维护生态而实施严格的环保措施，制约了原有各类产业的自由发展；三是治理污染整顿企业，地方财政收入锐减，财政压力加大；四是移民安置带来的一系列难题；五是其他工程建设衍生出的诸多问题，如就业问题，因利益关系变换而产生新矛盾、新问题，造成维稳压力，等等。

移民的安抚协调、妥善安置和共同幸福问题应首先解决。广大移民背井离乡，对家乡故土的眷恋无法修补，在他们为国家、为工程、为社会作出奉献后不能再让他们受穷、受窘，要保证移民的居住和生产生活条件好于过去，保证他们的稳定和长期发展，让他们可以"搬得出、稳得住、能发展、可致富"，更好地走高质量发展之路。为此，需要建立完善奉献分配制度，让这种"奉献"也可以成为社会生产要素的组成部分，能够参与社会生产之后的利益分配。由国家对奉献者进行按奉献程度分配，让奉献者因奉献可以获得特殊的收入。建立健全移民权益保障制度和法律规范，促进移民共享河南省和国家改革开放的成果，与全国人民一道走共同富裕的道路。

保障河南省的发展能够为南水北调中线工程锦上添花。前文已述及南水北调中线工程对河南省带来的巨大利益。而工程对河南省造成的永久性减损则需要制度和规范做长效安排，以求永久性解决。工程价值具有主观性，设计建造时期待的是其正效益，工程投入使用以后的实际效果则具有不确定性，是否把因工程利益减损一方的补偿完全与工程后期运营情况绑定，存在着巨大风险。解决的方式方法有多种，打包的方法则有两种，一是完全与工程捆绑，损失和盈利均在工程运营中解决；二是国家负责，受损利益及其发展问题由国家统一安排。国家统一安排的方法做条或块分割，界限清晰，责任明确，操作简单，简便易行，但存在着两个严重问题和缺陷，其一是工程涉及面非常广，牵涉利益主体复杂，协调处理能力跟不上，以往的经验和教训前鉴不远；其二是人为剪断本来可以促进关联方之间形成的紧密联系、取长补短、优势互补、共同发展的网络，浪费了"工程纽带"这一资源。融合的方法则顺应了新发展理念的要求，在开放、共享理念指导下，需要处理好国家、水源地、受水区、工程主体之间的各种利益关系，处理好整体与局部、眼前与长远的利益关系，需要深入探索南水北调中线工程运营的体制机制，完善对河南省补偿、支持、帮扶、合作的方式方法及其长效机制，确保河南省和其他各利益主体共享南水北调中线工程之利，共享国家发展红利。

教育是发展的基础，是人才培养的重要途径，决定着一个人的未来发展前途，关系着人们生活的幸福程度。供水区教育人口基数大，教育资源相对薄弱，存在着严重的教育不均衡问题，阻碍了他们向上流动的途径，失去公平竞争的机会。国家通过制定教育扶持、优惠政策，使供水区适龄学生有更多机会接受各种不同的教育，共享全国教育资源，实现教育资源实质性的共享。

创建更加便利的医疗卫生事业。更加公平的社会保障体系是河南省社会高质量发展的重要内容。要坚持"守住底线、突出重点、完善制度、引导预期"的工作思路，健全、完善惠及河南省全体群众的可持续的多层次社会保障体系，保障群众基本生活，不断满足人民日益增长的美好生活需要，不断促进社会公平正义。

民之所盼，政之所向。"人民就是江山。我们共产党打江山、守江山，都是为了人民幸福，守的是人民的心。"这是习近平总书记在考察南水北调中线工程水源地移民新村——邹庄村时的谆谆教诲，把人民放在心中最高位置，把为民造福作为党的使命。河南省亿万人民群众牢记总书记教诲，在新发展理念指引下，携手共进、守望相助、共建共享，呵护一泓清水，共创更加美好的新生活。

第 二 章

南水北调对河南省社会高质量发展的多维度影响

第一节　南水北调对河南省社会高质量发展生态性维度的影响

生态文明建设是中国特色社会主义的一个重要特征。加强生态文明建设，是贯彻新发展理念、推动经济社会高质量发展的必然要求，也是人民群众追求高品质生活的共识。近年来，南水北调中线工程河南省区域沿线地区生态环境的保护与改善，很大程度上得益于南水北调中线工程的建设与运行。当然，这也是南水北调中线工程建设成功、持续发挥效用的客观需要。坚持生态优先是防控水体污染、确保南水北调水质安全的重要保证。提升用水品质、增强水资源保障能力，是改善受水区群众生活质量、增加群众获得感的必然要求。南水北调水源地和半数受水区都位于河南省境内，这一现实直接推动了工程沿线地区生态环境的改善，为河南省社会高质量发展绘就了浓重的生态底色。

一、水资源保障能力提升

南水北调工程是国家为解决我国水资源地区分布不均衡，在不影响丰水地区发展的前提下，缓解北方水资源短缺问题而修建的准公益性、基础性的大型工程，更是一个涉及经济、社会、资源和环境等诸多方面的系统性工程。

南水北调中线工程通水七年来，工程输水已成为不少北方城市水安全新的生命线：北京城区 7 成以上供水为南水北调水；天津市主城区供水几乎全部为南水北调水。截至 2022 年 3 月，南水北调中线工程累计向北方调水超 461 亿米^3，直接受益人口达 7 900 万人。北方沿线地区的水安全保障能力进一步增强，水资源短缺局面从根本上得到缓解。南水北调工程在加快培育国内完整的内需体系中充分发挥水资源保障供给作用，打通水资源调配互济的堵点，解决北方地区水资源短缺的痛点，通过构建国家水网将南方地区的水资源优势转化为北方地区的经济优势，北方重要经济发展区、粮食主产区、能源基地生产的商品、粮食、能源等产品再通过交通网、电网等运输到全国各地，畅通南北经济大循环，促进各类生产要素在南北方更加优化配置，实现生产效率效益最大化。①

河南省天然水资源总量多年平均为 403 亿米³，居全国第 19 位，人均水资源占有量居全国第 22 位，仅相当于全国平均水平的 1/5。河南省以不足全国 1.43% 的水资源，承载着全国约 7% 的人口、10% 的粮食生产和 5% 的 GDP，是我国水资源供需矛盾最突出、用水竞争最强烈的地区之一。郑州市、濮阳市、许昌市等地人均水资源量还不到全国平均水平的 1/10。随着工业化、城镇化、农业现代化的发展，不少地方的用水量已接近甚至超过水资源承载能力，水资源供需矛盾日趋尖锐，难以满足工农业生产和居民生活需要。

七年来，南水北调中线工程累计向河南省的 11 个省辖市市区、43 个县城区和 101 个乡镇的 2 600 万人供水超 149 亿米³，相当于为河南省提供了约 1 042 个西湖的优质水源，占全线累计供水 441 亿米³ 的三成多。中线工程规划供水的河南省郑州市、南阳市、平顶山市、焦作市等地市，是河南省现代工业和主要产业的聚集带，更是保障粮食安全的重要区域，在区域经济发展中具有强有力的吸收和辐射作用。

南水北调工程建成通水后，成为河南省受水区充足可靠的重要水源，受水市县用水紧张状况得到极大缓解，城镇供水"单一性、脆弱性"局面得到有效化解，为河南省深入实施国家粮食生产核心区、中原经济区、郑州航空港经济综合实验区、郑洛新国家自主创新示范区、中国（河南）自由贸易试验区等国家战略规划提供了有力保障，也为受水区经济社会持续健康发展注入了新的动能和活力。以 2016—2019 年全国万元 GDP 平均用水量 70.4 米³ 计算，有效支撑了河南省 2 万亿元 GDP 的增长。切实增强了河南省经济发展后劲，为河南省这个经济大省、农业大省、人口大省提供了强有力的水资源保障。

以郑州航空港经济综合实验区为例，《郑州航空港经济综合实验区发展规

---

① 中华人民共和国水利部. 南水北调：全面通水七周年筑牢"四条生命线"［EB/OL］.（2021 - 12 - 12）［2022 - 01 - 02］. http：//nsbd. mwr. gov. cn/zx/zxdt/202112/t20211212_1554569. html.

划（2013—2025 年）》中指出，航空港区设计面积约 415 千米^2，定位是全国重要的航空港经济集聚区。同时该区也是中原经济区的核心增长极，是郑州市朝着国际航空物流中心、国际化陆港城市、国际性的综合物流区、高端制造业基地和服务业基地方向发展的主要载体。但该辖区没有大的河流、地下水量少，水资源严重匮乏。为破解水资源难题，保障航空港区可持续发展，河南省以前瞻性的高度规划港区水资源问题，协调南水北调工程规划设计在航空港区最大限度延伸流经长度，并且将受水量在最初不足 2 000 万米^3 的基础上增加了 7 000 多万米^3，最终达到 9 400 万米^3，占郑州市受水总量的近 1/5。实验区获批 7 年多以来，经济总量增速全省领跑，到 2021 年生产总值完成 1 172.8 亿元，同比增长 12.1%，分别比国家、省、市高 4.0、5.8、7.4 个百分点，两年平均增长 9.9%，增速稳居全市第一。工业总产值突破 4 000 亿元，达 4 174.5 亿元，同比增长 31%。其中电子信息产业完成 4 110.5 亿元，增长 31.9%，占全市、全省电子信息行业的比重分别达到 95%、79%。外贸进出口总额突破 5 000 亿元，达到 5 245.6 亿元，同比增长 17.9%，在充沛的水资源保障支撑下，一座面向全球的航空大都市加速崛起。①

二、区域生态环境质量改善

大型调水工程对区域生态环境的作用主要体现在水要素在生态环境系统中的比重增加，缺水地区水源增加，能够促进水圈和大气圈、生物圈、岩石圈之间的垂直水交换，有利于水循环，改善受水区气象条件，缓解生态缺水。此外，调水工程可以增加受水区地表水补给和土壤含水量，形成局部湿地，有利于净化污水和空气，汇集、储存水分，补偿调节江湖水量，保护濒危野生动植物。调水灌溉还可以减少地下水的开采，有利于地表水、土壤水和地下水的入渗、下渗和毛管上升、潜流排泄等循环，有利于水土保持和防止地面沉降。②南水北调工程通水以来，受水区生态环境指标明显改善，水安全状况也得以改善，环境调节作用明显。生态功能分区和生态功能红线的划定，为沿线地区社会生态带来良好影响，对河南省生态环境改善的作用十分突出。

南水北调中线工程自 2015 年正式为河南省供水，当年供水量为 9.13 亿

① 李林，靳绍辉，赵原亮. 南水北调为航空港区战略发展提供核心保障 [N]. 河南日报，2015 - 02 - 10.

② 杨云彦. 南水北调工程与中部地区经济社会协调发展 [J]. 中南财经政法大学学报，2007.

米³，占河南省社会经济总用水量的 4.3%。2016 年增至 13.3 亿米³，占河南省社会经济总用水量的 6.2%。2017 年继续增加至 18.6 亿米³，占河南省社会经济总用水量的 8.5%。2018 年为 23.2 亿米³，占河南省社会经济总用水量的 11.4%。2019 年为 24.23 亿米³，占河南省社会经济总用水总量的 10.18%。

河南省境内 700 多千米的总干渠水面及两侧的生态廊道，是南水北调中线工程给沿线地区带来的最直观的生态效益。以郑州市为例，辖区内干渠长度 129 千米，渠道水面达 1.5 万亩，相当于增加了百亩水面的湖泊 150 个，对改善沿线城市居民生态环境发挥了明显作用。南水北调总干渠两侧各规划了至少 100 米的生态绿化带。据统计，干渠沿线各地近年来在宜林地段完成造林绿化 18 万亩，干渠两侧的生态廊道起到了较大的防风固沙、涵养水源作用。

南水北调工程在丰水期向沿线受水区进行生态补水，增强了水体自净能力，促进了城市生态水系建设。在丰水期开展生态补水，已经成为落实国家生态文明建设的重要部署和充分发挥南水北调工程效益的重要举措。南水北调工程 7 年来向沿线 30 多条河流生态补水 30 亿米³，有效缓解了城市用水挤占农业用水的矛盾，改善了受水区农业生产条件，增强了农业抵御干旱灾害的能力。同时，生态补水稳定了受水河流生态流量，增加了水体的自净能力，沿线城市河湖、湿地水面明显扩大，使山水林田湖得到有效涵养，进一步促进了河南省森林、湿地、流域、农田、城市五大生态系统建设。置换出来的水源用于城市生态水系建设，一些因缺水而萎缩的湖泊、库区、水系重现生机，河流水量明显增加、水质明显改善，工程沿线的植被逐步得以修复，沿线的环境质量得到明显改善，全省城市生态环境恶化的趋势得到遏制。

以河南省受水区生态补水效益突出的许昌市为例。许昌市一直是一座缺水的城市，人均水资源量是全国的 1/10，不足河南省人均水资源量的一半。南水北调工程建成通水后，每年为许昌市增加 2.26 亿米³ 水资源，置换出 2.26 亿米³ 地表水、地下水。许昌市抓住了南水北调的历史机遇，谋划了以水生态文明城市建设试点为引领、包含水系连通工程和 50 万亩高效节水灌溉的三大水利项目，形成了"五湖四海畔三川，两环一水润莲城"的水系格局，改善了水环境，打造了水景观，修复了水生态。2017 年 4 月，许昌市顺利通过了水利部门和省政府的联合验收，成为全国首批国家水生态文明城市。

南水北调中线工程供水后，受水区通过用丹江水置换超采的地下水，促进了地下水源涵养和回升，遏制了地下水超采局面，工程沿线城市地下水位得到不同程度回升。2022 年 2 月，水利部会同国家发展改革委、财政部、自然资源部组织开展的最新评估结果显示，自南水北调东中线一期工程通水至 2020 年底，受水区城区累计压减地下水开采量 30.17 亿米^3，完成《南水北调东中线一期工程受水区地下水压采总体方案》近期目标的 136.5%，其中河南省城区压采地下水 5.06 亿米^3。根据国家地下水监测工程中受水区地下水监测站数据得知，2018—2020 年，南水北调受水区浅层地下水水位基本保持稳定。2020 年，河南省受水区浅层地下水水位平均较 2019 年末上升 0.56 米。2020 年，河南省受水区深层地下水水位平均上升 0.73 米。受水区水位总体止跌回升，地下水储量得到有效补充，河湖生态环境复苏效果明显。

2021 年初，河南省水利厅等四部门联合印发了《关于严格限制南水北调受水区和地下水超采区取用地下水的通知》，明确要求南水北调中线工程受水区城镇公共供水水源为地下水的，应于 2022 年底前置换为南水北调水源。置换南水北调水源，封停中心城区公共供水管网覆盖范围内的自备井。河南省南阳市早在 2018 年就公布了《南阳市中心城区自备井封停及南水北调水源置换工作实施方案》，明确了中心城区自备井封停的时间节点和步骤，按照"政府牵头、属地负责、部门联动、先供后封、供封同步、全面排查、分类实施、强化管理"的原则，有计划、有步骤地置换南水北调水源和封停中心城区公共供水管网覆盖范围内的自备井，保护和涵养地下水资源，实现了水资源优化配置和科学利用。2022 年 4 月 13 日，南阳市确定公布了中心城区水源置换的最后时间节点。2022 年 6 月 30 日前完成公共供水管网配套和公共供水管网至用水户建筑区划红线的管网建设工作，完成置换南水北调水源和自备井封停及封填工作。并从制度上明确了由南阳水务集团负责市政供水管网至用水户建筑区划红线管网建设；用水户供水区域内管网改造由用水户负责，费用由用水户承担；自备井封停和封填费用由南阳水务集团有限公司承担。

目前，南水北调供水区已建成通水 89 座水厂，其中 47 座地下水水厂实现了水源置换，年供水能力 6.3 亿米^3，其他城乡集中供水地下水水源置换工作正在按计划加快推进。南水北调对河南省的生态效益正在进一步放大。

三、生态文明理念融入施政策略

南水北调工程设计之初，不少专家就提出水源地水污染能否治理到位、水质能否达标是工程成败的关键。南水北调中线干线全长 1 432 千米，途经河南省 11 个地市的全长 730 多千米，基本都是明渠。工程穿过农业区、城镇区、丘陵区及工矿区等，沿线有近一半的乡村经济发展滞后，贫困人口较多，生态环境脆弱，水质污染的潜在威胁较大，一直以来生态环境保护状况并不理想。工程启动之初，丹江口库区及上游 42 个评价河段水质仅 20 个达标，个别河段甚至为 V 类、劣 V 类，水污染状况堪忧。为保护中线工程丹江口一库清水永续北送，国务院先后批复《丹江口库区及上游水污染防治和水土保持"十一五"规划丹江口库区及上游水污染防治和水土保持"十四五"规划》。累计安排中央财政专项资金 24.04 亿元，支持河南省开展生态环境保护工作。其中，水污染防治专项资金 15.19 亿元，土壤污染防治专项资金 3.03 亿元，农村环境整治专项资金 5.82 亿元。专门用于南水北调水源地所在县市水生态保护修复的生态环保专项资金共计 13 381 万元，2018 年为 2 077 万元，2019 年为 807 万元，2020 年为 6 596 万元，2021 年为 3 901 万元。据南阳市初步统计，2018—2021 年，南阳市一级生态保护和环境治理资金共计 2.093 8 亿元，其中，大气污染防治为 7 557 万元，水污染防治为 13 381 万元。通过项目实施，建成大批工业点源污染治理、污水垃圾处理、水土流失治理等设施，促进生态隔离带建设，基本实现了水源区的 43 个县和库区周围重点乡镇的污水、垃圾处理设施建设的全覆盖，使入库河流水质改善明显，生态环境质量显著提升，水源涵养能力不断增强。

围绕南水北调，河南省各级政府全面贯彻生态文明理念，进行了长期探索实践。省委、省政府先后制定出台《河南省生态文明建设目标评价考核实施办法》《河南省市县经济社会发展目标考核评价工作办法》《河南省产业集聚区考核评价办法》，环境保护指标的权重进一步提高。在市县经济社会发展目标考核中，环境质量达标率权重由 6％提高到 10％，超过了生产总值及增长速度指标，考核结果作为领导班子和领导干部综合考核评价、干部奖惩任免的重要依据。按照国务院提出的"先节水后调水、先治污后通水、先环保后用水"的三先三后原则，河南省贯彻生态环境优先理念，大刀阔斧地围绕南水北调中线工程打响治理污染、保障水质的攻坚战。2018 年 9 月，河南省政府印发了《河南省污染防治攻坚战三年行动计划（2018—2020 年）》，把打好饮用水水源地保护攻坚战作为碧水保卫战的标志性战役。以确保丹江口水库及上游主要入库河流水质达到调水水质要求为出发点，以保障"一渠清水永续北送"为目标，强力推进保护区环境综合整治，切实控制面源污染，积极发展生态农业，加大水源地水土流失治理力度，加强环境监测能力建设，全力以赴加强丹江口水库水源区水环境管理，保障水质安全。

2018 年以来，河南省财政在环境治理、水土涵养、生态保护等方面加大投入力度，累计安排财政资金 52.01 亿元。其中，7.49 亿元用于南水北调中线工程水源地（南阳市、洛阳市、卢氏县）开展水污染防治、饮用水源地生态环境保护、地下水污染防治、良好水体保护，以及农村污水和垃圾处理、规模化以下畜禽养殖污染治理等工作；1.8 亿元用于重点支持水源区相关市县开展历史遗留废弃矿山治理；42.72 亿元用于重点支持水源区相关市县开展森林资源管护、培育以及生态保护体系建设等。

围绕水源地库区和沿线水污染治理，河南省政府和沿线地市实施了一系列防污治污工程，包括工业点源治理、城镇污水处理、尾水资源化利用、农村污水集中处理、重点水质断面综合整治、污水处理厂管网配套以及水质自动监测站建设等项目。2014 年以来，河南省丹江口水源区及干渠沿线各县区关闭或停产整治工业和矿山企业 200 余家；封堵入河市政生活排污口 433 个，规范整治企业排污口 27 个；关闭、取缔或搬迁禁养区、限养区养殖户 690 余家；关闭或停产整治违法违规旅游、餐饮排污单位 65 家；拆除库区内养殖网箱 5 万余个，累计治理水土流失面积 2 704 千米²。①

据统计，河南省现有 11 个地市围绕南水北调工程的运行维护出台了地方性文件。如南阳市出台《卧龙区南水北调中线工程干渠沿线环境综合整治实施方案》《西峡县南水北调水污染防治工作实施方案》《邓州市南水北调水污染防治工作方案》，郑州市发布《南水北调中线工程（郑州段）环境保护应急工作方案》《南水北调中线工程郑州供水治污规划》，焦作市发布《南水北调中线工程焦作段突发环境事件应急预案》。2022 年 4 月，中线工程渠首所在地南阳市在河南省内率先建立南水北调工程"三个安全"联席会机制，根据《南阳市关于建立南水北调中线工程"三个安全"联席会议工作机制的意见》，联席会议由市南水北调工程运行保障中心牵头，参与单位包括市水利局、市生态环境局、市农业农村局、市应急管理局、市住房和城乡建设局、市交通运输局、南水北调中线工程渠首分局等。以市级协同联动平台的建立，促进"三个安全"工作整体联动，形成合力，为南水北调中线工程安全平稳、有序运行打下坚实基础。为预防和解决在南水北调输水过程中的水质下降问题，南水北调中线工程干渠沿线地市纷纷采取各种措施，从水质保护行政责任制、农业面源污染控

① 张存有. 打造流域治污环保的样板：南水北调东中线工程深化水质保护综述 [J]. 中国南水北调，2019.

制、突发性污染事故风险处理、垃圾无害化处理、城市环境质量提升、生态廊道和水源保护区建设等方面制定政策和地方性法规，夯实生态环境保护和地方高质量发展的基础。

特别要指出的是，2022 年 1 月 8 日，河南省十三届人民代表大会六次会议通过了《河南省南水北调饮用水水源保护条例》（以下简称《条例》）。《条例》共七章七十条，分别对南水北调饮用水水源保护、工程保护、生态保护、保障管理等方面进行了规划明确。《条例》总则中明确规定："南水北调饮用水水源保护应当贯彻习近平生态文明思想，实行最严格的生态环境保护制度。"从内容上看，该条例确实可称之为"最严格的生态环保制度，最严格的饮用水水源保护措施"。在水源保护一章中，在丹江口库区划定饮用水水源一级、二级保护区和准保护区；在输水沿线总干渠及其调蓄工程划定一级保护区、二级保护区。结合河南省实际情况，《条例》制定了更加严格的饮用水水源保护措施，如丹江口水库河南省辖区内，将禁止围网和网箱养殖的范围由《中华人民共和国水污染防治法》规定的饮用水水源一级保护区扩大到准保护区。[①] 将国务院原南水北调办《关于划定南水北调中线一期工程总干渠两侧水源保护区工作的通知》规定的"南水北调工程一级保护区内禁止使用不符合国家有关农药安全使用和环保规定、标准的高毒和高残留农药"的规定扩大为包括一级保护区、二级保护区和准保护区在内的所有南水北调饮用水水源保护区；并明确规定南水北调水源一级保护区内不得使用化肥、二级保护区内不得使用农药。此外，该《条例》对南水北调中线水源地保护区范围内的消落带、石漠化区域、生态廊道等相关生态环境问题都有所回应。可以说，《条例》作为一部专门规范南水北调生态环境保护工作的地方性法规，无论是调整范围、保护程度，还是立法规格，都体现出了很高的立法水平。

南水北调中线一期工程通水 7 年以来，中线水源地水质始终优于Ⅱ类标准，这一鼓舞人心的成果，正是河南省各级地方管理者从上到下长期坚持生态文明理念、不断探索以生态文明促进地方高质量发展道路的生动体现。更科学的环境生态规划制定，更严格的环境生态行政执法，更可持续的移民安置方案设计，更完备的突发环境事件应急处理，南水北调促进了生态文明理念与河南省高质量发展政策路径选择的自然融合。

---

① 李点. 河南立法保护南水北调饮用水水源［N］. 河南日报，2022－01－09.

四、促进经济发展的绿色转型

河南省是我国重要的农产品基地，农业增长方式的转变和产业结构的调整需要有足够的水资源作为保障，持续稳定供水带来的水资源的增加，有利于发挥中部地区的资源优势，建立有特色的生态产业，也有利于上下游产业和相关基础产业的发展。南水北调对沿线地区产业转型升级发挥了重要作用。

近年来，为了确保南水北调水质安全，南水北调中线工程水源地和沿线受水区采取了一系列行之有效的措施，积极推进以绿色生产为核心的新型产业发展模式；不断加快产业结构调整步伐，逐步限制、淘汰高耗水、高污染的建设项目，构建新型生态产业体系；通过技术升级实现集约绿色化生产，降低传统产业对于资源环境的巨大破坏；提高产业发展门槛，基于生态工业园区建设，实现设施共用和生产活动副产品的循环利用产业对接；以生态保护为硬性约束，落实产业绿色化发展政策，优先支持以绿色化生产和开发为特色的循环经济产业；实施产业绿色负面清单管理制度，通过环境规制倒逼企业进行绿色技术升级改造。

以河南省淅川县为例。丹江口水库占地 1 050 千米²，其中淅川境内面积506 千米²。工程建设以来，淅川县累计淹没良田 40 多万亩，80％以上区域被列为生态红线区域。为保障南水北调水源区生态这一水质保护的最后防线，从2003 年起，淅川县就在几乎没有得到补偿的情况下，对南阳泰龙纸业、丰源氯碱等 350 家冶炼、化工等企业实施关停并转，取缔库区水上餐饮船及 5 万余箱养鱼网箱，全面取缔禁养区内 400 家养殖场、100 多个养殖户。县财政收入为此一度下滑 40％。为实现发展增量不增污，全县积极调整产业结构，大力发展绿色生态产业，已累计建成软籽石榴、杏李、核桃、大樱桃等特色林果产业，面积 33 万亩，在丹江沿线建成 32 个精品生态观光示范园，6.5 万名渠首农民端上"生态碗"，带动 1.2 万名贫困群众人均年增收近两万元。为构筑库区绿色屏障，淅川县把困难地造林与保水质、助脱贫、兴旅游等工作结合，围绕库周荒山开展大规模国土绿化行动，每年新造林面积 10 万亩以上，连续 13 年居河南省县级造林面积之首。2016 年以来，该县完成石漠化治理 40.3 万亩，环库森林覆盖率由"十二五"末的 45.7％提升到 52.4％，库区绿色屏障初步形成。为确保所栽林木栽得上、留得住、管得好、能见效，当地深化集体林权制度改革，带动荒山升值。对重点工程全部实施土地流转，将所有的林地确权到户，从根本上保证了水源地生态保护的可持续发展。据统计，目前河南省水源区有 12 大类 300 万亩无公害农产品生产基地通过省级认定，促进了生态资源的保护性开发。

另一个南水北调重要县级水源区——河南省西峡县，在农业方面，其猕猴桃、山茱萸、香菇等无公害农产品获批国家生态原产地保护产品，成为当地三大特色生态产业，年产值超过 50 亿元，为当地农民增收做出了重要贡献；在工业方面，当地建设产业聚集区，重点吸纳科技含量高、经济效益好、资源消耗低、环境污染小的新能源、智能制造等高端产业项目，积极引进农产品仓储加工物流企业，与生态农业形成产业链，带动了县域经济高速发展。近年来该县多次进入河南省县域经济发展速度前十行列，荣获"全国可持续发展生态示范县"；在旅游方面，着力打造"水墨龙乡、生态西峡"旅游品牌，成为中国生态旅游大县、全国旅游标准化示范县。

南水北调工程水源地和干渠沿线地区，在享受工程带来的水资源红利的同时，曾经受困于生态环保带来的压力，现在又受益于生态环保带来的机遇。这正是坚持"绿水青山就是金山银山"理念的体现，并深刻理解了"山水林田湖草沙"生命共同体的本质内涵，把生态环境与产业升级、乡村振兴等工作结合起来，为水质安全筑牢防护屏障的同时，实现了产业的转型升级和绿色发展。

第二节　南水北调对河南省社会高质量发展共享性维度的影响

社会的高质量发展，要把让人民生活更美好作为根本方针，从适应新时代社会主要矛盾变化和满足人民日益增长的美好生活需要的高度出发，进行顶层设计和系统推进。南水北调中线工程带来的巨大经济、生态效益对沿线区域相当于"做大蛋糕"，如何合理公平地"分好蛋糕"，必须充分发挥国家的宏观调控和市场机制，采取各种措施，调节不同地区、不同阶层、不同群体之间的获得感差别，让全体公民真正共享高质量发展的成果。

一、提升受水区居民生活品质

河南省围绕南水北调的高质量发展，首先是坚持"绿水青山"的共建共享的理念，发展过程中以维护生态文明为核心，关注沿线地区经济社会发展的绿色价值，把南水北调打造为沿线人民群众宜居共享的幸福河。

共享南水北调带来的社会经济效益，势必要求各地因地制宜提升和创造发展优势，以各种有效和可持续方式满足人民不断增长的美好生活需要；着力缩小不同地区之间的发展差距，统筹推进基础设施完善、基本公共服务均等化、生态环境质量改善以及整体福利水平的提升。

满足南水北调沿线地区人民美好生活需要的难点，是如何加快欠发达地区的发展。河南省中线干渠流经区域不少地方是我国贫困人口相对集中的区域。要将环境制约条件转换为经济增长和人民满意条件的关键点，必须发挥相对落后地区可再生能源和矿产资源、生物和农副土特产品资源丰富等比较优势，提高资源优势地区的交通可达性，促进资源和农产品的绿色开发利用，打造田园旅游和水生态旅游品牌。在打赢脱贫攻坚、防止返贫的基础上实现乡村振兴，全面提高人民的安全感、获得感、幸福感。

（一）南水北调工程为受水区居民饮用水安全提供保障

中线工程通水以前，河南省受水区城镇供水水源主要来自黄河水、境内周边的径流或水库和地下水，水质普遍较差。中线工程通水后，依托南水北调干线这条纵贯南北的主动脉，借助配套工程，河南省受水城市水资源紧缺状况得到极大改善，为全省经济社会发展，特别是为中原城市群经济社会可持续发展提供了水安全保障。

中线一期工程规划每年向河南省分配水量 37.69 亿米^3，扣除引丹灌区分水量 6 亿米^3 和总干渠输水损失，至分水口门的水量为 29.94 亿米^3，由南水北调总干渠 39 座分水口门，通过配套网络向南阳市、平顶山市、周口市、漯河市、许昌市、郑州市、焦作市、新乡市、鹤壁市、濮阳市、安阳市 11 个省辖市的 34 个市县的 83 座水厂供水。由于水质稳定优良，南水受到更多人的青睐。"输水水质优良，优于地表水 II 类标准"已成为南水北调中线工程水质的代名词。随着南水的到来，河南省受水区居民用水水质明显提高了，彻底改变了一些地区长期饮用高氟水、苦咸水的状况。

以濮阳市为例，濮阳市地处华北最大的地下水漏斗区，人均水资源量较低，不足全省平均水平的一半，地下水超采区面积占总面积的 88%，濮阳—清丰—南乐漏斗区总面积为 1 765.0 千米^2，占全市总面积的 42.1%，且地下水硬度偏高，靠自备井饮用地下水的农村地区有一部分属苦咸水区，并氟超标。以濮阳市清丰县为例，南水北调通水以前，当地农村居民饮用水源主要是地下水，该县马村乡、仙庄镇、瓦屋头镇、柳格镇、双庙乡分布有高氟水区，居民长期饮用高氟水，易患氟骨病、佝偻病、氟斑牙，较早丧失劳动能力，给身心健康造成了极大的危害。该县大流乡和高堡乡分布高盐苦水区，地下水中钙、镁离子含量高，硫酸盐、硝酸盐含量超过国家饮用水卫生标准，严重影响了当地群众的身体健康，制约了当地的农业和经济的发展。2013 年，清丰县完成了农村饮水安全工程建设，农村生活用水主要依靠 16 处供水厂和 126 处供水站抽取地下水进行处理后供给。水厂集中式供水使全县居民基本吃上了安全水、放心水。但是，农村饮水安全工程的运行过程中，由于除氟设备的运行和维护成本较高、专业管理维护人员难以保障等问题，供水水质难以长期稳定在较高水平。2015 年，南水北调中线干渠 35 号分水口门建成通水，每年为濮阳市分配水量 1.19 亿米^3，濮阳市中心城区百万居民率先告别了 30 年来饮用的黄河水。为充分发挥南水北调工程供水效益，改善居民用水安全状况，濮阳创新探索"政府主导、市场运作、多方投入、社会参与"的建设与管理机制，谋划实施了农村供水规模化、市场化、水源地表化、城乡一体化"四化"工程，持续推动水源置换工程建设，农村饮水水源置换与县城供水水源置换统筹推进、同步置换。2019 年，清丰、南乐两个县南水北调配套管网施工。到 2020 年底，南水北调供水范围覆盖濮阳市城区和濮阳县城区以及清丰、南乐两县全境，受益人口达 230 万人，显著改善了当地居民的饮用水安全状况。

（二）南水北调工程提升受水区城市环境品质

城市人居环境评价指标体系中，景观水域面积、亲水程度、景观水体水质标准、绿地率是城市居民生活环境中，人们感受相当直观的指标。南水北调为沿线城市实施生态补水，是对工程生态效益扩大化的积极探索，也是河南省生态文明城市建设的生动实践。七年来，河南省利用南水北调总干渠退水闸和配套工程管道向河湖水系生态补水，截至 2021 年 12 月，累计向沿线 10 多个省辖市补水 30 亿米^3，改善了河湖水质，改善了生态环境。南水北调焦作段工程长 38.46 千米，在中线工程的 1 000 多千米干渠流经的地市中，焦作市是唯一一座规划设计施工将工程干渠从中心城区穿过的城市。南水北调干渠穿城而过，且工程由于地形原因，形成地上悬河，彻底改变了焦作的城市面貌。焦作市以规划建设南水北调绿化带工程为契机，建成了以"以绿为基、以水为魂、以文为脉、以南水北调精神"为主题的开放式带状生态公园——焦作市天河公园。焦作市天河公园沿南水北调渠两侧建设，设计 10 个节点公园，总占地面积约 268.53 万米^2，形成了贯穿主城区，东西全长 10 千米的生态廊道。公园总绿化面积达 140 多万米^2、水景面积达 10 万米^2，改善了城市生态环境，提升了城市居住品质。2021 年南水北调受水区许昌市、郑州市、焦作市和南阳市成为国家水生态文明城市建设试点。

二、南水北调生态补偿机制持续发力

高质量发展共享性方面的主要实践是南水北调生态补偿机制的建立。调水区与受水区之间，因南水北调工程建立了长期的有机联结关系，在确保工程水量和水质达标的总目标下，南水北调工程调水对于调水区来说意味着发展权的损失，而对于受水区意味着发展权的获得。调水极大地缓解受水区的水资源需求矛盾，水资源保障能力发生质的变化。对于一个多年来一直严重缺水的地区来讲，这些水将深刻影响受水区区域经济发展战略的制定。河南省既是南水北调中线工程的水源区，也是工程最大的受水区，南水北调沿线地区既是受益地区，也是南水北调工程的生态保护带，既承担着保护水源区水质安全任务，又肩负着保障干线水质安全责任。为切实保障中线一期工程输水水质安全，河南省坚持不懈地开展了南水北调干渠两侧饮用水水源保护区规范化建设，依法取缔保护区内的违法项目和活动，推动沿线建制城乡污水处理设施建设，完善污染联防和应急处置制度等活动，作出了巨大的贡献。实现河南省社会高质量发展，需要建立稳定共享的生态补偿法律保障机制。

目前，国家已经初步建立了一系列关于南水北调的纵向生态补偿制度，其中发挥作用最为突出的就是重点生态功能区财政转移支付。2008—2017年，针对南水北调工程，中央财政累计下达水源区转移支付资金约314亿元，其中下达河南省转移支付资金70.36亿元。2022年4月，财政部印发《中央对地方重点生态功能区转移支付办法》财预〔2022〕59号，分别规定了重点补助、禁止开发补助、引导性补助的范围，第一次在财政部生态补偿财政转移支付年度预算文件中，明确规定了引导性补助范围包括南水北调工程相关地区（东线水源地、工程沿线部分地区和汉江中下游地区）以及其他生态功能重要的县。国家层面的生态补偿纵向机制进一步规范化，南水北调生态补偿纳入法治化轨道。

2017年以来，河南省每年对南水北调中线工程相关市县安排补助资金，累计投入69亿元，帮助当地实现"生态环境保护、转型发展、民生改善"的三赢局面。累计安排南水北调中线工程总干渠沿线市县引导性补助21.2亿元，用于支持沿线市县加强生态环境保护、提高基本公共服务保障能力。

据统计，重点生态功能区中央财政转移支付2021年下达河南省重点生态功能区转移支付20.59亿元，其中南阳市11.92亿元，沿线地区引导性补偿5.4亿元；2020年下达22.88亿元，南阳市12.56亿元，沿线地区引导性补偿

5.4 亿元；2019 年下达 25.79 亿元，南阳市 14.62 亿元，沿线地区引导性补偿 6 亿元；2018 年下达河南省 23.09 亿元，南阳市 13.29 亿元，沿线地区引导性补偿 6 亿元。

2021 年 9 月，中共中央办公厅、国务院办公厅正式发布《关于深化生态保护补偿制度改革的意见》。其中对生态环保资金分配提出相关要求，要求改进相关资金分配办法，完善生态保护补偿机制，特别是聚焦南水北调水源区等国家生态安全重点区域，让保护生态环境的地方利益有所保障，共享发展成果，进一步理顺了生态保护补偿的体制和机制，为今后南水北调生态补偿制度的改革和完善指明了方向。

三、搭建跨区域合作平台，共享发展成果

遵照生态系统的整体性、系统性及其内在规律，跨区域的南水北调工程给相关省际、区际协同发展提供契机。基于南水北调展开的跨区域对口合作的起点是调水受益地区对因调水造成利益受损的地区间的横向生态效益补偿，但是终点不应仅仅限于经济补偿。近年来，受水区与河南省调水区进行的跨区域经贸、技术、教育、医疗合作广泛开展。京津等发达地区以精准扶贫、产业扶贫等多种形式加快工程沿线地区特别是水源地保护区的脱贫速度，为实现全民共享南水北调工程发展成果提供助力。

河南省与南水北调受水区的跨区域合作平台在运行机制上，主要通过以下方式进行。一是国务院制订总体规划确定对口协作方案；二是对口协作区域进行磋商并签订合作框架协议；三是开展多种形式的跨区域社会公共领域的合作。

（一）中央管理部门制订总体规划确定对口协作方案

2013 年 3 月，国务院批复了国家发展改革委、国务院南水北调办编制的《丹江口库区及上游地区对口协作工作方案》（以下简称《方案》），确定了受水区与河南省水源区及水源影响区的对口协作关系。《方案》确立了对口协作工作的基本任务：促进水源区转变经济发展方式、提高发展质量、增强公共服务能力，改善双方生态环境、加快建设资源节约型和环境友好型社会，推动南水北调中线工程顺利实施、促进水源区和受水区经济社会可持续发展。对口协作的双方分别是：受援方是河南省、湖北省、陕西省的水源区；支援方是北京市、天津市，以及教育部、科技部、工业和信息化部、中科院、社科院、工程院等有关部门和单位，有关中央企业。确立了对口协作的基本目标：从 2014

年方案开始实施，到 2020 年，水源区生态环境持续改善，调水水量水质稳定达标；资源节约集约利用水平显著提高，生态型特色产业形成优势；劳动力就业能力明显增强，收入水平进一步提高；公共服务能力得到加强，城乡面貌不断改观；协作互动格局全面建立，内在发展动力不断增强，水源区建成为生态环境良好、社会文明和谐、经济持续发展、人民安居乐业的生态文明地区。《方案》特别提到，河南省在南水北调中线工程中，既承担供水任务，也直接享受调水效益，要结合实际，省内建立对本省外迁移民安置任务较重地区的帮扶机制，给予必要支持；对河南省作为受水区应当承担的对口帮扶任务也提了出来。《方案》指出，双方应在大力发展生态经济、促进传统工业升级、加强人力资源开发、加大科技支持力度、深化经贸交流合作、加强生态环保合作、增强公共服务能力等重点领域展开合作。自此，围绕南水北调展开的京豫对口协作有了纲领性指导文件。2021 年 6 月，国家发改委、水利部发布《关于推进丹江口库区及上游地区对口协作工作的通知》，根据南水北调中线工程运行和水源区发展需要，将丹江口库区及上游地区对口协作期限延长至 2035 年。原《方案》确定的对口协作关系和政策措施保持不变。《方案》为对口协作的目的、原则、对象、方式、期限进行了总纲性的规定，也为进一步合作的展开奠定基础。

（二）对口协作区域进行会谈磋商并签订合作框架协议

北京市与河南省分别在 2011 年、2013 年、2016 年、2020 年召开对口协作和区域合作座谈会，先后签署了 4 份《全面深化京豫合作战略协议》，两地还在教育、科技、人社、商务、旅游、南水北调等方面分别签订 6 个部门间合作协议，全面深化战略合作关系。

2014 年 5 月，北京市出台《北京市南水北调对口协作工作实施方案》，发挥北京市的产业、技术、人才、贸易等优势，与河南省的南阳市、三门峡市、洛阳市进行对口合作。北京市通过"市级统筹、区县结对、部门主导、企业先行"的协作方式，落实"朝阳—淅川""顺义—西峡""延庆—内乡"对口区县结对帮扶，在教育、医疗、水质保护、产业对接、人才培养等各领域合作成效显著。

2014 年 7 月 15 日，北京市朝阳区卫生局与河南省南阳市淅川县举行卫生对口协作协议签约，以解决淅川县医疗卫生基础设施薄弱、医疗水平不足等问题。协议规定每年免费安排淅川县的 20 名临床业务骨干和公共卫生工作人员赴北京指定医院接受业务培训，派驻专家医疗队定期诊疗指导、示范带教，对疑难偏远山区病患远程会诊，捐赠设备物资指导建立特色科室等，不光为医疗技术落后地区的卫生机构"输血"，还通过人才和技术帮扶增加当地医疗机构的"造血"功能。

2014年12月，"南水北调北京—河南教育对口协作"项目协议签订，正式开启了北京市与河南省南阳市、邓州市、洛阳市、三门峡市结对县（市）的教育协作。北京市6个区县教育部门及手拉手学校分别与结对县（市）教育部门及学校进行了一对一对接。北京市以协作项目为载体，针对水源区开展干部教师培训，开通北京数字化优质教育资源共享平台和组织开展学校"手拉手"结对交流等工作，促进水源区教育事业发展。

2017年5月12日，经京津冀农林高校协同创新联盟与南阳市人民政府协商，双方决定签署产学研战略合作协议，京津冀农林高校协同创新联盟与市政府签订战略合作协议。

至2021年10月，北京市向南阳市累计投入对口协作资金12.41亿元，实施协作项目260个，带动投资41.06亿元，重点在水质保护、精准扶贫、产业转型、民生事业、交流合作等领域支持水源区经济社会发展；北京市6个区与水源区6个县市区扎实开展结对帮扶工作。北京市先后投入协作资金2亿多元帮助南阳市20多个贫困村发展食用菌、软籽石榴、菊花等特色产业，辐射带动贫困人口2万多人。其中，落实扶贫项目98个，落实保水质项目74个，协作资金4.9亿元，用于开展小流域综合治理、生态修复和农村环境综合整治；落实公共服务项目32个，协作资金2.34亿元，支持建设学校、基础设施等项目。几年来，双方互派挂职干部120人，培训党政干部、技术人才和致富带头人近万人次，两地60多所中小学校、12家医疗卫生单位结对共建。

对口支援促进了核心水源区县域经济发展和脱贫攻坚，截至2021年，南阳市7个国家级贫困县全部脱贫出列。"十三五"期间，全市城镇、农村人均可支配收入分别增长1.9倍、2.2倍，居民获得感明显增强，群众幸福指数不断提升，公共服务能力进一步提高。通过受水区和水源区的对口协作，建设了一批学校、卫生院、养老、基础设施项目，公共服务能力明显提高，部分地方存在的上学难、就医难、出行难等民生问题有了较大改善。资源要素聚集能力进一步增强。

2014年以来，南阳市依托京宛合作项目协议，建立河南省防爆电气院士工作站、河南省南水北调水源区水安全院士工作站等18家院士工作站。先后有60余名院士、专家到南阳开展对口协作，培训"高精尖"人才500多名，解决各项技术难题 438 个，开发新产品 75 个，获授权专利技术 59 项。南阳市聚集发展能力不断增强，带动产业发展；结合水源区资源禀赋和生态功能区发展要求，支持水源区发展茶叶、食用菌、饮用水、黄酒等特色农产品精加工产业，同时帮助水源区茶叶、丹江鱼、柑橘、黄酒、香菇、木耳、药材等 330 多个特色优质农产品进入北京市场，带动了水源区相关产业发展，促进了水源区就业水平提高；加强校市合作，设立中国人民大学国家战略与发展研究院老龄产业研究中心（南阳市），由国投健康集团等 14 家企业和研究机构成立"南阳智慧康养协同创新联盟"，助力南阳市智慧康养产业发展，带动精准扶贫。

（三）开展多种形式的跨区域社会公共领域的合作

2018 年，国务院批准了《汉江生态经济带发展规划》（以下简称《规划》）。河南省南阳市全境及洛阳市、三门峡市、驻马店市的部分地区，湖北省十堰市、神农架林区、襄阳市、荆门市、天门市、潜江市、仙桃市全境及随州市、孝感市、武汉市的部分地区，陕西省汉中市、安康市、商洛市全境，被纳入汉江生态经济带，规划面积 19.16 万千米^2，横跨豫鄂陕三省。《规划》将汉江流域的战略定位明确界定为国家战略水资源保障区、内河流域保护开发示范区、中西部联动发展试验区和长江流域绿色发展先行区。围绕改善提升汉江流域生态环境、推进绿色发展、加快产业结构优化升级、推进创新驱动发展，《规划》制定了一系列发展目标。其中丹江口库区及汉江上游地区按照生态优先、绿色发展的思路，坚持"以水定产""以水定城"，推进产业向生态化、绿色化升级，维护水源地生态安全。

《规划》提出，以体制机制创新激发市场和社会活力，以科技创新引领产业结构优化升级；打破行政体制障碍，创新合作体制机制，积极探索跨省交界地区合作发展的新路径，强化上下游协同、左右岸配合、干支流联动，实现区域合作水平和层次的新跨越。

《规划》制定了南阳市、襄阳市组团发展的格局。推动襄阳市和南阳市加快在基础设施、产业发展、公共服务、生态环保等方面一体化进程，合力打造城市圈。湖北省是全国第一个以省级规划确定省域副中心发展战略的省份，襄阳市被确定为副中心城市之后，发展进入了快车道。以 2021 年的数据来看，襄阳市 GDP 为 5 309.43 亿元、南阳市 GDP 为 4 342.22 亿元，襄阳市的经济总量比南阳市多 1 000 亿元，人均生产总值达到了南阳市的近 2 倍。两个城市分属河南省和湖北省，地理上同处南阳盆地，历史文化上都受汉楚文化影响至深，在生态环境、交通条件、工业产业、人口数量方面，两个城市各有优势。2021 年，南阳市在河南省政府的支持下确定了建设省域副中心城市的发展目标。在跨区域合作发展的背景下，南阳市与襄阳市南北呼应，形成河南省与湖北省跨省合作的先行示范区，共同打造鄂西北与豫西南新的经济增长极。目前，南阳市、襄阳市两地根据"工作协同、合作共赢、统一开放"的原则，依托全国一体化政务服务平台，实现了异地办理营业执照的跨省通办、即批即办。南阳市新野县与襄阳市襄州区签约"跨省通办"事项涵盖工商登记、异地就医结算、社会保险等 5 大类政务服务业务，极大方便了两地企业、群众办事，激发市场活力，有利于推动"放管服"改革，加快政府职能转变，增强两地交流、扩大合作。

第三节　南水北调对河南省社会高质量发展协调性维度的影响

南水北调流经的河南省大部分区域在历史发展过程中出现了诸如经济社会发展不协调、城乡差距扩大、区域之间发展失衡、人与自然之间关系紧张等不符合高质量发展理念的现象。南水北调工程建设运行后，产生了一个巨大的人工流域共同体，上下游、干支流（干线与配套工程）、水源地周边不同区县、输水区与受水区、不同受水区域、同一受水区域的不同用水主体、工程不同管理和责任主体之间必然产生巨大的利益碰撞，进而酝酿新的利益协调机制来解决问题，从而为我国社会高质量发展带来新的动力。南水北调中线工程在协调发展维度的实践为河南省社会高质量发展提供了样本。

一、改善基本民生：城乡发展的协调

河南省既是农业大省又是人口大省，常住人口城镇化率不足 55.43%（河南省统计局 2020 年数据），低于全国平均水平的 63.89%（2020 年国家统计局数据）。农业、农村和农民问题一直以来都是河南省高质量发展面临的主要问题。深入推进乡村振兴战略，促进城乡统筹协调发展是河南省长期坚持并在今后一个阶段也将继续坚持的重要工作。南水北调中线工程的开工建设，为河南省新型城镇化发展创造了重要契机。在工程建设过程中，水源地、工程沿线地区的基础设施得到改善，农村地区的农业生产条件和公共服务设施也随之改善，脱贫攻坚任务顺利完成，乡村振兴战略稳步实施。

（一）南水北调工程带动沿线区域新型城镇化发展

大型水利工程建设是国家进行水资源调配管理的基础性活动，根据经济发展需要安排一定的水利投资，也是国家重要的宏观经济调控手段之一。

在河南省，南水北调中线工程纵贯全省南北，工程受水区城市均为河南省人口较为密集、产业较为集中、经济较为发达的地区。工程通水后，缓解了这些区域水资源紧张的状况，大大提高了受水区水资源承载能力，促进了沿线城市经济发展，不断吸引农村人口向附近受水城镇转移。以工程为纽带的城镇和工业园区，更是吸纳了大量周边农村劳动力，进而扩大了诸多城市的规模，提高了河南省城市化的水平。

从 2015—2019 年南水北调中线沿线河南省 11 个地市常住人口城镇化率数据（图 2-1）可以看到，郑州市城镇化率从 2015 年的 69.7％到 2019 年的 74.6％，领跑全省，鹤壁市、焦作市、平顶山市、新乡市、许昌市、漯河市的城镇化率也高于全省平均水平，南阳市、周口市、濮阳市城镇化率低于全省平均水平，但是 2015—2019 年城镇化率增速高于全省平均水平。

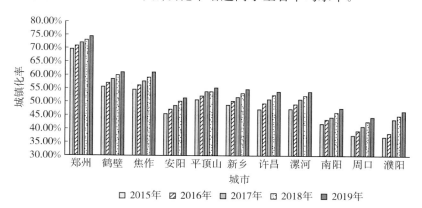

图 2-1　2015—2019 年河南省 11 个地市常住人口城镇化率

供水可靠性的提高将有利于区域城乡用地结构和空间布局的优化，促进城镇体系的完善，保障了城市化相关服务设施的建立，在提高居民生活水平的同时，也能让居民感受到南水北调工程带来的好处，更进一步为保障河南省城镇化健康发展提供永久动力。

对于南水北调工程沿线大量农村地区而言，工程为沿线区域新型城镇化发展提供了更多的机会。调水工程带来大量优质水源，改变了沿线地区农村居民的收入和消费构成。南水北调工程建设具有投资规模大、建设周期长、工程时间空间跨度大等特点，能够形成明显的投资带动效应，拉动有效投资，带动相关产业发展，促进就业和农民增收，带动消费。据有关研究测算，重大水利工程每投资 1 000 亿元可以带动 GDP 增长 0.15 个百分点，可以新增就业岗位 49 万个。中线干线工程投资超过 2 528 亿元，其中河南段投资占总投资的 60% 以上，估算工程建设为当地带来新增就业岗位 70 多万个。工程建设过程中，工程设计、施工、监理等工作需要大量的劳动力和专业技术人才，由此促进了直接就业。工程移民安置工作中，对部分移民进行了第二、第三产业安置，并组织开展了相关技能培训等工作，帮助移民改变生产方式，实现就业形式多样化。工程建成投产后，拉动了沿线区域第三产业的发展，提供了更多的就业机会。①

（二）南水北调带动沿线地区乡村振兴

南水北调沿线区域近年来抓住河南省巩固脱贫攻坚成果、实施乡村振兴战略的机遇，采取了一系列有效措施调整产业结构，加快农业产业化。一是促进农产品市场发育，建立健全农产品种植、加工、仓储、物流、销售一条龙的现代农业产业体系。优化营商环境，尤其是软环境，采取各种措施吸引资金、人才、技术，打好南水北调生态牌，为相关区域农村发展营造弯道超车的机会。二是发展高效农业，保障粮食生产。在指导思想上贯彻优先发展生态高效农业的方针，实施科教兴农战略。改善农业生产基本条件，发展呈现出高产、优质、低耗、高效率，大力推广滴灌等节水灌溉技术，提高水资源的利用率和经济效益。采取土地流转等多种形式，实现专业化生产、规模化经营、一体化运销的专业化模式，打造水源地农产品优质品牌，建设有机农产品生产基地。三是大力发展特色农产品加工。南水北调库区及水源涵养区拥有丰富的自然资源和独特的地理优势，具有发展特色农产品的自然条件，大力发展特色农产品加工是提高农民收入的有效途径。四是提高产业化程度，加快现代农业的建设。重点通过创建"企业＋基地＋农户"的模式推进产业化发展，通过发展龙头企业带动农民致富。借助对口合作、政策支持，有针对性地引入资金、技术和人才，依托龙头企业，建立特色农业、创汇农业、数字农业，彻底扭转农民单纯靠山吃山、广种薄收的局面，逐步形成"造血型"农业发展机制，在现代农业及相关产业支撑下实现乡村振兴。

① 王才君，尚宇鸣. 南水北调中线工程宏观经济效益评价 [C]. 中国水利学会 2019 学术年会论文集，2019.

　　近年来，河南省在"千企帮千村"精准扶贫、"万企兴万村"服务乡村振兴行动中，借助政策优势和城市经济的带动，大力培育专业合作社、家庭农场等新型农业经营主体，发展生态产业、农村电商、乡村旅游等新业态，全省1 630个扶贫龙头企业、1.02万个专业合作社、3 820个扶贫车间参与带贫，全省53个贫困县、9 536个贫困村、718万建档立卡贫困人口全部脱贫摘帽，农村基础设置不断完善，实现城乡融合协调发展。郑州市实施企业定向结对帮扶，培育市级以上龙头企业249家、农业产业化集群31个，帮助农户成立农业互助组织，推荐42种产品名录、12个合作项目参加京豫、京沪农业合作，推荐三全、思念、好想你等企业参加南水北调优质特色农产品展示展销会。借助南水北调沿线生态廊道，开展全国休闲农业与乡村旅游星级示范企业创建工作，创建全国休闲农业与乡村旅游示范县2个、示范点2个，培育全国十大精品线路1条、全国十佳农庄1个、全国星级示范企业76家。大力推进现代绿色农业示范园建设，发展壮大新郑大枣、中牟蔬菜、新密等地的丘陵林果等优势特色产业基地，其中新郑红枣产业园获批成为省级现代农业产业园，以都市农业为特征的现代农业产业体系加快形成，农业效益持续提升。

　　南阳市是河南省贫困村最多的地方。在南阳市社旗县，184家民营企业对全县143个贫困村、重点村或者贫困人口相对比较多的村进行对口帮扶。通过产业帮扶、就业帮扶、技术培训、公益捐赠的方式，带动一万三千多名贫困群众实现了增收。淅川县毛堂乡银杏树沟村，曾是一个"无村部、无广播、无手机信号，喝雨水、走泥路、住土房"的深度贫困村。2017年后，这里借助生态农业项目发展乡村旅游，村集体经济从无到有，合作开发的"芈月山"牌矿泉水上市，村里面貌焕然一新。淅川县重点打造的"淅有山川"区域公用品牌知名度进一步提高，软籽石榴、杏李、大闸蟹、小龙虾等众多生态农产品走向全国市场。全县旅游从业人员超过30 000人，农家乐和特色民宿500多家，辐射带动1 600多户贫困户增收致富。

（三）科技助农，数字技术助力生态农产品走向全国

　　科技助农，利用网络直播、电商平台、微信互助平台等建设大数据农产品产销融合平台，拓宽农产品交易渠道。南水北调中线水源地西峡县发展农村云端创业，建立村级邮政站点299个，全面疏通工业品下乡、农产品进城双向流通渠道。水源地优质农产品借助在互联网，从田间地头直抵城市餐桌。该县投入4 000多万元，建成总面积1.5万米^{2}的西峡电子商务产业孵化园，为当地农副产品上线创造了条件。目前园区进驻了总销量居2018年全国生鲜第一位的京东西峡馆，电商上市企业草帽兄弟电商公司、苏宁易购、天猫等公司。阿里巴巴国际部则服务西峡县 40 多家生产企业，把他们的产品销往东南亚、欧盟等 30 多个国家和地区。

"三山六水一分田"的淅川县，牢固树立"生态为先、水质至上、绿色发展"理念，坚持以"生态经济化"为方向，依托国家级水源保护区的强制保护级别优势，着力发展绿色、有机农业，取得了明显成效。随着乡村振兴战略深入实施，电商凭借便捷、高效、成本低、覆盖面广等优势，成为淅川县农村产业发展的突破点，构建出了"产、供、销"链条式产业发展体系，激发了乡村振兴新动能，让农村更有希望和活力。2017 年，淅川县开始推进农村电子商务普及应用，与阿里巴巴集团正式签约启动农村淘宝项目后，"互联网＋县域经济"的建设更是全面提速。目前淅川县域内，活跃在各大电商平台上的网店已达 1 000 余家，直接带来就业岗位 5 000 余个，间接带动近 1.3 万人就业。2017 年，淅川县成功申报国家级电子商务进农村综合示范县；2018 年，淅川县入选全国农村一二三产业融合发展先导区创建名单；2020 年淅川县再次成功获评国家级电子商务进农村综合示范县。多年来，淅川县委、县政府对电子商务进农村综合示范工作高度重视，将其作为助力脱贫攻坚、支撑县域经济发展的重要途径。2020 年底，全县注册电子商务企业 165 家，其中规模以上 32 家，电商应用企业和合作社 63 家，个体网店 3 678 个，2020 年全年电商交易额达 64 亿元；其中，县电商产业园汇聚了农产品、工业产品、工艺美术产品等 300 余款，入驻各类电商企业与团队 90 余家，年销售额突破 1 亿元。当地知名生态产品企业"渠首源"依托"农村淘宝"平台，将橡子面、软籽石榴、高山绿茶等土特产品统一设计包装，制定质量标准，打出淅川县统一的公用品牌"淅有山川"。淅川县政府还创办农村淘宝综合服务中心，为农村创业青年提供仓储、货源、物流、培训等服务。在此过程中，县政府既提供服务，带领群众增收致富，又加强教育培训，让农民成为新型职业农民，让他们成为有文化、懂技术、会经营的新型人才，让电商队伍力量更大，让电商"新引擎"动力更足。

2019 年，河南省商务厅组织河南省 50 余个县的县长、副县长、商务局局长 120 人参加阿里巴巴乡村事业部主办的"乡村振兴县长研修班"。相关电商专家围绕农产品上行实践、乡村物流、构建城乡双通道、让城市生活更美好、淘宝直播"村播计划"项目助力农村经济发展、县域金融、数据经济时代下的"新乡村基础设施"以及借助阿里生态发展县域经济等主题进行培训。

　　河南省从省级、地市到县域政府对电子商务的重视，带来了河南省农村电商的迅猛发展。根据阿里研究院公布的《2021中国淘宝村研究报告》显示，2021年中部、西部和东北地区淘宝村数量分别为365、95和24个。其中中部的河南省淘宝村数量达到188个，增速达28%，成为除浙江、广东、江苏、福建等沿海六省之外第一个淘宝村数量"破百"的省，也是淘宝村数量仅次于东部沿海六省的省（图2-2）。河南省的淘宝镇也从2020年的94个上升至2022年的121个，省内农村淘宝产业集聚程度进一步增强。农副产品与数字经济的深度融合，促进了河南省农村产业振兴和高质量发展。

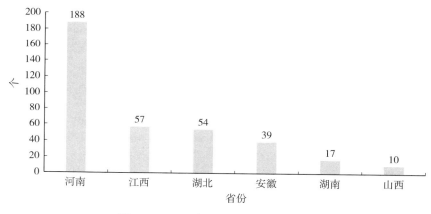

图2-2　2021年中部六省淘宝村数量

（四）加强基础设施建设，打造生态宜居美丽新农村

　　习近平总书记在2019年两会期间参加河南代表团审议时提出要重点抓好农村交通运输、农田水利、农村饮水、乡村物流等基础设施建设。农村基础设施建设是美丽新农村建设的重要内容，是农村经济社会发展的重要支撑。生态宜居是南水北调沿线农村地区打造美丽新农村最闪亮的名片。近年来，河南省因地制宜，借势南水北调，谋划新发展格局，持续加大投入力度，围绕农村公路、供电供水、水利工程、能源物流、信息化基础设施等多个领域开展基础设施建设重大工程，补齐农村基础设施短板，促进城乡基础设施互联互通，推动农村基础设施提档升级，打造高质量发展美丽新农村。

1. 加快农村公路提档升级

　　要想富，先修路。河南省完善乡村交通基础网络，畅通南水北调工程沿线经济薄弱地区与周边综合枢纽、疏运体系对接，增强经济薄弱地区对外拓展能力。按照交通运输部《关于推进"四好农村路"建设的意见》的要求，河南省在 2018 年底"提前完成所有建制村通硬化路"交通运输脱贫攻坚兜底任务的基础上，从 2019 年开始，启动实施了农村公路"百县通村入组工程"，在全国高标准地提出"实现 20 户以上自然村通硬化路"目标，打通群众出行的"最后一公里"。2021 年，全省新改建农村公路 7 356 千米，新增 9 000 个自然村通硬化路，圆满实现全省 17.9 万个 20 户以上自然村通硬化路目标。2018 年来，全省累计投资 302.5 亿元，新改建农村公路 3 万余千米，总里程达到 23.3 万千米，实施安防工程约 2.5 万千米、改造危桥 2 098 座，20 户以上自然村通硬化路率，从 79% 增至 100%，以县城为中心、乡镇为节点、村组为网点，"外通内连、畅乡通村"的农村地区公路网络基本形成。为消减南水北调工程施工对周边农村群众生产生活的影响，沿线地方政府对涉及群众影响较大的出行道路、灌溉设施等项目进行摸底排查，并通过设计计划争取投资，对沿线生产道路、管理道路和灌溉设施进行了复建，对农村公路南水北调跨渠桥梁进行整治，方便沿线群众出行。

2. 加快农村水利基础设施建设

水利是农业的命脉。河南省全面推进水生态环境保护和修复，加紧实施南水北调水源地库区生态修复、黄河流域生态保护和小流域防洪能力提升等工程，切实解决流域水安全隐患；继续加强农田水利工程建设力度，增强流域和农村环境综合整治；完善南水北调后续配套工程建设体系，继续加强水资源保障能力建设，推进农村饮用水安全工程和城乡一体化供水目标。

2017 年生态环境部会同财政部联合印发《全国农村环境综合整治"十三五"规划》，将南水北调工程水源地及沿线地区作为农村环境整治优先区域，进行治理，覆盖了河南省水源区及总干渠沿线全部 32 个县、区的 3 102 个建制村，内容上也扩展到农村饮用水水源地保护、农村生活垃圾和污水处理、畜禽养殖废弃物资源化利用和污染防治等各类项目。生态环境部会同财政部等有关部门共安排中央财政专项资金 24.04 亿元，支持河南省开展生态环境保护工作，其中，用于农村环境整治的专项资金达 5.82 亿元。工程干渠沿线郑州市制定《郑州美丽乡村建设导则》，深入开展农村环境综合整治，扎实推进"四好农村路"、农村改厕、垃圾治理、传统村落保护等建设工作，创建省级"千村示范、万村整治"示范村 25 个，完成户厕改造 44 500 户，农村人居环境面貌不断改善。渠首南阳市打响"南水北调源起南阳"的生态城市名片，淅川县被命名为第五批国家生态文明建设示范区，邓州市一二三产融合发展试验区被命名为第五批"绿水青山就是金山银山"实践创新基地。在此基础上，南阳市正在规划建设国家生态文明建设示范市。2021年南阳市引进亚行贷款南水北调中线工程丹江口库区生态保护和环境综合整治项目，总投资30.15亿元，规划建设包括淅川县丹江鄂豫段防洪治理工程、淅河河道综合治理工程、石板河小流域水土保持示范工程、城乡供水一体化工程、林果业绿色发展工程、水果保鲜库建设工程、乡村污水系统建设与完善示范工程、餐厨垃圾和市政污泥协同处理工程、农村河流提升改造工程、美丽乡村建设示范工程、县城排水防涝设施建设工程、地方信息化体系建设工程等项目，依托南水北调水生态环境保护打造全方位广覆盖的基础设施升级工程。

南水北调中线工程在南阳市卧龙区境内全长27.06千米，涉及卧龙区的潦河、王村、靳岗、蒲山等8个乡镇（街道）38个村（社区）。2019年，水利部、财政部联合启动农村水系综合整治试点工作，南阳市卧龙区被选为全国首批55个试点区之一。卧龙区水系连通及农村水系综合整治试点项目实施范围为南阳市中心城区北部，卧龙区东北部的泗水河、麦河等两个流域。工程涉及蒲山镇、石桥镇、潦河坡镇、谢庄镇及龙王沟风景区办事处5个镇（办事处）的41个行政村，第一期工程基本与南水北调干渠流经卧龙区辖区内农村地区重合。治理区域面积约170千米²，受益人口11.24万人。工程建成后，完成水系连通4处，治理长度6.76千米；坑塘治理40处，水面面积158亩；治理河道20条，总计116.65千米，工程建成后泗水河、麦河干流及其支流镇区段防洪标准为20年一遇，其余段10年一遇；河道河势稳定，常年有水河流水体自然流动，季节性河流恢复河道空间和河流基本形态。河道生态空间侵占恢复率达到100%。生态岸线治理长度228.04千米，生态岸线率达到92%；恢复滨岸带植被面积0.624千米²；本次防污控污工程实施后，所解决的污水入河达标率100%，河道水质不低于Ⅳ类，利于水源保护区内水质提升。工程建成后增加水面面积0.147万亩，保护湿地面积0.706 7千米²，补充生态水量768.4万米³，防洪保护28个村庄7.601 4万人，防洪除涝受益面积3.61万亩，新增废污水处理能力30.20万吨，受益41个村庄，受益人口数11.240 7万人。

通过统筹规划、科学调用南水北调水、黄河水、引江济淮水、水库水，河南省探索农村供水规模化、市场化、水源地表化、城乡一体化"四化"路径，解决深层地下水过度开采的问题，同时让农村居民享受到和城市居民一样的水质和服务。2020年河南省启动了32个县的饮用水地表化工作，2021年又启动了 18 个县，2022 年还要再启动 10 个县的饮用水地表化工作。河南省最早选择濮阳市和平顶山市两个省辖市，清丰县、南乐县等 21 个县（市）开展农村供水的规模化、市场化、水源地表化、城乡一体化试点。濮阳市探索"全市规划一张网、一体布局扩容提质、一个机制协调推进、一处水源覆盖城乡、一个标准服务群众"以及农村供水规模化、市场化、水源地表化、城乡一体化的"四化"新路径，将供水管网由城市延伸、覆盖至乡镇，基本实现城乡联网供水，水资源共享，达到城乡居民"同质、同源、同网、共享优质供水"目的。河南省水利厅、濮阳市"探索供水四化新路径，保障农村饮水安全"作为国务院第七次大督查发现的典型经验做法，受到国务院通报表扬。此外，南水北调沿线各地为高质量利用南水北调水资源，把巩固农村饮水安全脱贫攻坚成果，助力乡村振兴作为重要目标，加快建设城乡一体化供水基本管网。截至 2021 年 12 月，全省共建成农村集中供水工程 21 119 处，集中供水人口 7 600 万人，集中供水率达到 93%、自来水普及率达到 91%。各地市的农村供水"四化"工程也已全面开工建设。焦作市共规划建设城乡供水一体化项目 10 个，总投资 29.8 亿元，已开工的 5 个项目涉及 4 个县（市），总投资达 13.96 亿元，新建扩建水厂 5 座，铺设供水管网 2 826 千米，设计日供水规模 31.5 万米^3，项目建成后可提升和改善 25 个乡镇 553 个村 86.5 万人饮水保障水平。安阳市内黄县、滑县城乡一体化供水管网建设已基本完成，到 2022 年底可实现城乡一体化供水全域通水。南阳市、许昌市、鹤壁市等地也在加速推进南水北调配套工程和城乡一体化供水管网建设。河南省高质量推进农村供水"四化"工作，充分有效利用南水北调水资源，提高农村供水保障水平，人民群众的幸福感、获得感显著增强。

3. 加快农村交通、信息等公共基础设施建设

南水北调带来的农村新型产业化和农村电商的发展壮大，离不开信息、交通等基础设施的支撑。近年来，围绕农村产业发展和出行条件改善目标，河南省着力提升农村交通网络发展水平，降低物流成本，发展安全便捷的货运物流，形成城乡一体化交通体系，助推生鲜生态农产品物流畅通。"十三五"期间，全省新改建农村公路 6.2 万千米，实现所有的乡镇和建制村通硬化路；全省 19.9 万个自然村通硬化路率由 2015 年底的 55% 提高到 89%，以县城为中心、乡镇为节点、村组为网点，"外通内联、通村畅乡"的农村公路网络基本形成。依托农村公路网络，建设了一批多功能的农村物流配送中心和货运场站等物流节点设施，以及农村快递投递点和村邮站等，下一步将逐步完善农村配送网络。不断完善的交通运输设施与南水北调中线工程相辅相成、互相促进。2020 年 10 月，南阳市丹江口水库环库生态与水质保护绿色公路通道开工建设。项目总投资 25.8 亿元，总长 112 千米，建设标准为二级公路，分东线、西线两部分，计划建设工期三年。公路总体设计速度 60 千米，部分路面设计速度 40 千米/小时。东线路线起自淅川县九重镇邹楼，沿线向北止于淅川县老城镇王家泉，全长 70 千米；西线起自淅川县盛湾 S330 线，沿线向南止于淅川县香严寺景区门口，全长 42 千米。环库公路与南阳至渠首高速公路联通，全线共设置尹沟、崔湾等 5 个综合服务区，设置兰沟、白渡滩等 10 个停车观景台。工程全部完工后，实现环库公路与沿边的县市和乡镇有直达公路的目标。同时，根据实际地形、地貌条件，设置自行车赛道。项目建成后，将与湖北省丹江口市已建成的环库区道路形成交通大环线，形成环湖生态旅游圈，使沿线旅游资源串珠成线，有效带动库区经济社会发展和群众脱贫致富。

加快农村信息基础设施建设。农村信息化建设对于农业农村现代化建设有特别重要的意义。河南省加速推进新一代农村信息基础设施建设，着力建宽带、融合、泛在、共享、安全的信息基础设施网络，让农村信息化紧跟网络强省、数据强省、智造强省和智慧河南建设步伐，切实降低信息基础设施进入公共区域成本、加快推广光纤宽带网络和终端普及应用。河南省网络基础设施覆盖率大幅提升，累计建设 5G 基站 4.5 万个，实现县城及以上城区 5G 网络全覆盖；互联网省际出口带宽达到 26 416G，居全国第 10 位；郑州国家级互联网骨干直联点总带宽达到 1 360G，居全国第 3 位；郑州市、开封市、洛阳市互联网国际专用通道建设开通宽带达到 320G，实现自贸区全覆盖。移动物联网终端用户达到 6 655.7 万户，居全国第 7 位，部分省辖市实现县城以上区域窄带物联网连续覆盖。河南省还在全国率先实现 20 户以上自然村 4G 和光纤接入全覆盖。建成了省、市、县、乡、村五级联网的乡村治理数字化平台，培育了一批数字乡村特色小镇。南水北调沿线的鹤壁市淇滨区、灵宝市、西峡县、临颍县入选首批国家数字乡村试点地区。

南水北调城乡一体化供水试点县南乐县，在完善配套管网、高效利用调水资源的同时，利用数字化实现农业节水管理。通过实施灌溉施肥自动化的"智慧水肥软硬件工程"，把遍布果园田间的特制灌溉管道与智能水肥一体机相连，节约能源人工、减少化肥使用量。南乐县目前已建成我国首个全县域生态农业信息化系统。该系统可以"一站式"提供农牧业大数据分析、温室大棚生产自动化、农产品逆向溯源、农田环境智能监控等农业信息化应用场景，还可以实现农业信息化监管，随时查看、汇总通过各处系统采集到的大数据，包括农民人均可支配收入情况、病虫害受灾面积、农机管理、水肥数据监测等信息。"农业生产、经营、管理、服务等领域信息化建设稳步推进，不仅助力农业提质增效，更使农民降本增收。"当地强力推进农村信息化基础设施建设，把信息化作为农业现代化的制高点，以智慧农业、生态农业融合发展为目标，打造智慧高效的优质农产品供应基地。

二、坚持环境优先：生态环境与经济发展的协调

南水北调工程建设和运行期间，严格的环保要求给沿线地区带来的不仅是工业经济平稳增长的限制，还带来生态和经济协调发展的新思路。沿线地区的用水条件得到改善，生态环境质量得以提高，优先发展生态产业的指导思想在地方产业规划方面发挥了重要作用。南水北调工程引导水源地和沿线地区走出了一条产业重塑、生态宜居、生态环保与经济发展并行的高质量发展道路。

（一）变环保"紧箍咒"为增长点，建立有机农产品产业链

为有效控制库区水质农业面源污染，南水北调水源地和干渠沿线区在进行农业生产时，对当地原有农业生产方式进行了根本性变革。一方面，全面推行科学施肥，减少化肥用量，大力推广有机肥，严禁剧毒、高残留农药经营和使用。另一方面，加强对土地资源的保护，农田基本水利坚持"山水林田湖草"一体化的规划和建设，封山育林，推进石漠化治理工作，发掘农林业的生态资源优势，推广"企业＋集体经济组织＋基地＋农户"产业化经营模式，统筹推进有机农业、林下经济、休闲康养、林果加工和乡村旅游产业，打造集有机种植、农产品深加工、旅游观光、耕读教育为一体的生态农业园区，形成"生态保护、环境美化、群众增收、区域发展"的"多赢"局面。目前，河南省全省经济林面积达到 1 650 万亩、花卉苗木基地 300 万亩，参与农户 120 万户，户均年收入 6 860 元。2017 年以来，新建特色经济林和花卉苗木基地 92.5 万亩。引导 220 家林业龙头企业带动建档立卡贫困户 5.5 万户 12.61 万人就业，人均年增收 3 650 元。创建旅游扶贫示范县 13 个、生态旅游示范镇 132 个、特色村 450 个，带动 32 万贫困群众增收。中线渠首所在地南阳市坚持生态保护和绿色产业结合，多年来大力发展生态农业，建成有机绿色农产品种植基地 34 万亩，占全国有机生产面积的 1.5%；累计认证有机产品 395 个，占全国有机证书总数的 1.2%，被誉为全国有机农业第一市。

渠首第一县淅川县 80% 以上的区域位于南水北调生态红线内，工程蓄水

淹没土地 500 余千米^2，移民搬迁 16.5 万人，先后关停 380 多家污染企业，取缔库区水上餐饮船及 5 万余箱养鱼网箱，关停拆除禁养区 500 余家养殖场。淅川县以"水清""民富""县强"为目标，确立了"生态立县"的战略，以绿色发展为理念，短、中、长三线产业项目相结合。短线发展食用菌、蔬菜、光伏产业等短平快项目；中线发展软籽石榴、薄壳核桃等经济林果产业；长线发展生态旅游产业，将大大小小生态产业串成一串，形成生态惠民的强大优势，探索出一条生态富民新路径。淅川县"短中长"三线产业结合绿色扶贫的特色做法，作为典型案例编入了焦裕禄干部学院培训教材。"短中长"模式成为水源区深度贫困县产业扶贫典范，被评为"大国攻坚、聚力扶贫"全国十佳优秀扶贫案例。

淅川县还投资 5 亿多元在 15 个库区乡镇建立了完善的污水及垃圾处理设施。在农村推进户用沼气，建设沼气池 4.1 万座，每年将 200 万吨的人畜粪便转化为有机肥。淅川县扶持源科生物、绿新生物等以秸秆、畜禽粪便为主原料的有机肥生产企业，推广新型药械和测土配方施肥，使全县化学农药的使用量减少 35％以上，年减少化肥施用量 400 余万吨。截至目前，全县已认证无公害农产品 16 个，认定无公害基地面积 98.7 万亩；认证绿色食品 32 个，认定绿色食品基地面积 3.7 万亩；登记认证地理标志农产品 1 个，认定地理标志基地面积 12 万亩。

（二）推广清洁能源改造，实现能源可持续发展

能源是河南省现代化发展的基础支撑。在碳达峰、碳中和目标牵引下，必须通过降低能耗强度、提高利用效率、加快内生外引清洁能源保障河南省社会高质量发展目标的实现。近年来，南水北调沿线地区把新能源基础设施建设纳入建设总体规划，完善能源基础设施网络，继续推进农村能源高效清洁化，实现生活用能可持续发展，使生态环保和人民幸福生活的需求满足得以协调。

能源基础设施建设成果显著。洛阳石化扩能提质一期工程基本建成，鄂安沧输气管道濮阳支线投产送气，全省"两纵三横"天然气长输管网更加完善，管道天然气覆盖全部省辖市及 90％以上县（市）。濮阳市文 23 储气库一期工程，南阳市等 6 座区域 LNG（液化天然气）应急储备中心，鹤壁市等 3 个煤炭储备基地、百兆瓦电网侧分布式储能项目建成投产，南阳市天池等 360 万千瓦抽水蓄能电站开工建设，能源储备调节能力明显增强。近五年全省新增可再生能源发电装机 2 755 万千瓦，年均增速超过 45％，全省可再生能源发电装机占比超过 30％，提前完成汽柴油国六标准提质升级。煤炭行业化解过剩产能

6 820 万吨。全省一次能源消费总量中，煤炭占比降到 67.6%，非化石能源占比达到 11.2%。累计淘汰落后煤电机组近 600 万千瓦，关停容量居全国第一位，实现郑州主城区煤电机组"清零"。

近年来，河南省加快新一轮农村电网升级。"十三五"期间，国网河南省电力公司在全省贫困地区电网发展方面投入 417 亿元，超额完成既定目标，实现电网脱贫"两提前"（贫困县、贫困村电网脱贫分别较全省整体脱贫计划提前一年、一年半完成）。与"十三五"初相比，包括南水北调水源地和汇水区 7 个贫困县在内，全省贫困地区 10 千伏电网供电能力实现翻番，贫困村户均配变容量提升两倍，有效保障了全省 3 820 个扶贫车间、2 721 个优势特色基地安全稳定可靠用电，发挥经济效益。"十四五"期间，国网河南省电力公司将投入农网发展资金 700 亿元以上，建设与高质高效农业、宜居宜业乡村相适应的新型农村电网，持续巩固拓展脱贫攻坚成果，增强乡村电网供电保障能力。

南水北调工程沿线的兰考县是典型的农业县，农林废弃物、畜禽养殖废弃物等可再生能源资源较为丰富，农业废弃物污染在给当地环境保护带来压力的同时，为开展农村能源革命试点建设带来较好的基础和条件。兰考县建立县乡村三级垃圾收储运体系，实现了城乡环卫一体化；日处理生活垃圾 600 吨的光大国际垃圾发电和 24 兆瓦的瑞华秸秆热电联产项目，为产业集聚区集中供热；沐桐环保、光大国际、大连环嘉等资源循环综合利用项目，被确定为国家级资源循环利用基地。2018 年，兰考县被国家能源局批准为全国首个农村能源革命示范县。经过三年的建设，兰考县全力打造兰考能源互联网平台，接入县域光伏发电、风电等 16 家新能源企业，各类能源数据 2 000 万条，打造出一个全品类、全链条、全县域的能源监测、配置及服务的能源互联网平台。目前，该县生物制天然气占全县需求量的 70% 以上，可再生能源发电量占县域全社会用电量的 90% 以上，并创下县域首日实现清洁能源 24 小时供电的纪录。

南水北调渠首所在地南阳市 2014 年被列入国家第一批创建新能源示范城市名单。该市以生物质能、风能、太阳能和地热能为发展重点，积极鼓励、扶持新能源示范项目发展，推动新能源资源、技术在城市发展建设中的应用，显著提升城市绿色、环保、低碳水平，为顺利实现城市转型升级和能源结构调整打下坚实的基础。尤其是近年来，南阳市依据国家能源发展战略，紧紧抓住国家大力支持新能源发展的机遇，以风能、太阳能等新能源的开发利用为重点，不断扩大能源供给规模，优化完善能源结构，努力打造风电、光伏发电"双百万千瓦级"的新能源产业基地，推进"风电＋储能""风电＋制氢"等示范项目建设，为南阳市经济社会的可持续发展提供坚强支撑，取得了显著成效。南水北调渠首石漠化治理光伏发电技术领跑基地项目，在淅川县、内乡县等区域总占地面积约 2.7 万亩，建设规模为 50 万千瓦，总投资约 35 亿元。新增风电、光伏、生物质发电装机规模 15 万千瓦。通过项目带动，水源地区域农村经济发展取得长足发展，群众增加收益，实现了水清民富的总体发展目标。

（三）统筹规划，建设南水北调沿线生态旅游带

2014 年国务院南水北调办出台《南水北调中线生态文化旅游产业带规划纲要》计划将中线工程沿线 1 000 多千米的山水、古迹、工程景观串联成一条风景长廊，打造成为"世界最大调水工程、国家生态战略屏障、历史文化富集地和国家级一流旅游目的地"。

南水北调中线工程在河南省境内绵延 730 余千米，流经地不仅有伏牛山、太行山等自然生态景观，还有黄帝故里、龙门石窟、安阳殷墟等历史文化遗产。工程在河南省境内共涉及各类文物点 369 处，考古发掘总面积达 92 万米²，获取各种文物 10 万余件。特别是丹江口库区中线总干渠区域，文物古迹众多、文化遗存等级较高、文化内涵深厚、年代跨度较长，可谓一个珍贵、生动的"中原文明宝藏"。从南至北，工程沿线经历了丹江口库区的楚都文化、南阳的汉文化、许昌的曹魏文化、郑州的商周文化、焦作的东汉文化、安阳的殷商文化等中原文化群落。河南省在渠首建设库区文物博物馆，在郑州建设总干渠文物博物馆，以展示河南省文物保护工作成果。加上河南省沿线已有的自然历史景观，在沿线建设主题明确、以点串线的文化长廊，形成了文化旅游线路。

如以库区渠首游，自然生态游为主题，吸引饮水思源的京津及华北游客前来观光。又如干渠沿线游，把水源地、宝天曼、尧山、少林寺、穿黄渡槽工程、焦作市云台山、安阳市殷墟等旅游地有机地组合在一起，形成南北方向的黄金旅游线路。以南水北调为主线的南北方向的黄金旅游线路的建设，与已有的河洛文化黄河生态旅游带相结合，形成大"十"字交叉的黄金旅游架构，极大地推动了河南省旅游产业的发展。河南省坚持文化引领、产业融合、生态优先、开放合作、创新驱动的方针，以保护、传承、弘扬黄河文化为主题，以深化文化和旅游供给侧结构性改革为主线，以全域旅游为主导，加快构建"一带一核三山五区"文化和旅游发展格局。南水北调中线工程的建成并投入使用，不仅使中原腹地增加了一条绿色长廊、清水走廊，而且利于打造并形成以南水北调为纽带、南北方向的黄金旅游线路。"十三五"以来，围绕两大黄金旅游带，河南省累计打造精品 A 级旅游景区 495 家、全国全域旅游示范区 3 家、省级全域旅游示范区 22 个，全省接待海内外游客达 9.02 亿人次，旅游总收入达 9 607.06 亿元。

周边游和休闲游也是近年南水北调沿线地区旅游业发展的一个新的增长点。中线工程两侧防护林、生态隔离带和城市绿地，与工程景观相连接，集环保、运动、旅游等多项功能于一体，形成连续的千里绿道长廊，直接带动了当地旅游业的发展。

干渠沿线城市将绿色通道工程与道路建设和河渠整治统筹规划，将城市绿化与美化环境和增强生态功能结合起来，切实搞好生态城市和生态县建设，把中线建成中国大地上的绿色长廊，进而形成良好的旅游经济带。郑州市确定了沿郑少高速、连霍高速、沿黄旅游通道等的美丽乡村旅游带，以及嵩山组团、嵩阴组团、伏羲山组团等 7 个美丽乡村组团，围绕"美丽公路""南水北调"建设高品质的美丽乡村，实现"串珠成线"，突出了生态保护和高质量发展的美丽乡村旅游建设思路。

南水北调水源涵养区西峡县素有"八山一水一分田"之称，全县森林覆盖率达 76.8%，是河南省第一林业大县，具有独特的生态资源优势。生态环境保护的制约因素迫使该县转变传统农业生产习惯，美丽乡村休闲旅游成为地方发展的新的增长点。西峡县进行科学规划，提升农村基础设施建设，打造美丽宜居的生态乡村。当地设计建成 312 国道沿线百公里猕猴桃长廊、鹳河沿岸百公里香菇长廊、208 国道旅游长廊三大美丽乡村环线。该县采用政府购买服务形式，与深圳市龙澄公司合作开展农村垃圾清扫和转运处理；采用 PPP 模式，启动实施投资 7 亿元的 289 个行政村村容村貌整治工程。近三年来，全县新创国家卫生乡镇 4 个、全国文明村镇 2 个，二郎坪镇跻身全国美丽宜居小镇，中坪村荣获全国美丽宜居示范村，太平镇跻身全国首批特色小镇，东坪村荣获全国美丽宜居村庄称号，丁河简村获评中国美丽休闲乡村。根据山水观光、特色餐饮、山地避暑、农游采摘、民俗体验等不同主题，结合国家脱贫攻坚战略和西峡县的全域旅游战略规划了丹水恐龙小镇、丁河猕猴桃小镇、双龙香菇小镇、太平镇避暑养生小镇 4 个特色小镇，打造了东坪、中坪、黄狮、鱼库等10 个特色乡村旅游示范点。全县已建成乡村旅游专业村 21 个，带动 6 个乡镇、1.5 万农民吃上了"旅游饭"，年综合效益超过 4 亿元。

渠首所在地淅川县整合生态移民及应急避险项目，设立生态旅游发展基金，全县建成乡村旅游示范村 36 个、乡村旅游示范园 40 家、农家乐和特色民宿 500 多家，旅游从业人员 3 万多人，年接待游客达到 500 余万人次，2019 年旅游业综合效益达 36 亿元。2021 年 5 月 13 日，习近平总书记走进利用南水北调移民村产业发展资金建立起来的丹江绿色果蔬园基地，实地察看猕猴桃长势，详细了解移民就业、增收情况。丹江绿色果蔬园基地负责人介绍，近几年，生态观光园不断优化以种植为基础的第一产业，持续拓展以深加工为核心的第二产业，重点融合旅游观光为支撑的第三产业，既为老百姓提供了就业致富的岗位，也激发了他们共建共享幸福家园的意识，村子发生了实实在在的改变。

（四）树立节水意识，推进水资源的节约利用

长期以来，河南省南水北调沿线区域不仅是河南省的农业主产区，也是重要的农副产品深加工区。河南省不仅是全国粮食生产大省，也是全国第一粮食加工大省、第一肉制品大省。工程沿线郑州市、洛阳市、焦作市、平顶山市等传统工业重镇，整体经济结构中耗水产业占比较大，节水技术推广进程缓慢。南水北调中线工程将大部分调水资源调配给河南省的水资源缺乏地区，盘活了水资源的利用价值。水资源的分配也意味着区域间经济利益的重新分配。各分水口分配的比例在一段时期内相对稳定，调水、用水活动将对沿线区耗水量较大的产业造成影响。

水资源利用效率的提高，是缓解水资源短缺问题的重要途径，南水北调水权市场的建立可以促进调水资源的可持续利用，对南水北调水资源可持续发展具有重要推动作用。水权市场的稳定有序发展可以实现水资源的优化配置，减少由于过度开采对生态环境造成破坏，促使人们合理开发和利用水资源，提高水资源的利用效率，推动水资源作为基础的社会经济高质量发展。南水北调水量基础性分配与市场化运作结合的机制，一方面，促进了水资源的再分配。南水北调已经有明确的初始水权分配方案，明确各地用水总量，以总量约束，推动地区提升水资源的利用效率。水权市场的建设可以实现水资源的再分配，促进水资源的优化配置。另一方面，促进水权转让和交易的发展，夯实水资源对于区域经济发展的重要地位。

南水北调中线工程通水之初，通过各地分水口门分给各地的水量指标是通过当地国民经济发展用水测算预估的数量，是各城镇综合实力竞争的结果。这样的利益分配将强化原有利益分配格局，原来发展程度高的区域将会获得更好的发展条件和机会，其竞争优势将会得到进一步强化。中线通水以来，南水北调用水指标充分利用问题一直是社会非常关注的问题。由于受水区各地市经济社会发展不平衡、配套工程建设和地下水压采不同步等原因，部分地区不能完全消化分配水量，短期内每年有 5 亿～8 亿米³ 水量可以纳入综合调控范围。水利部从 2014 年起在河南省、河北省、北京市等 6 个省（区、市）开展水权交易试点工作，实现丰歉地区间的调剂，提高了水资源的利用效率。

南水北调中线工程坚持"先节水后调水"原则，实行区域内用水总量控制，加强用水管理。目前，工程实行基本水价和计量水价构成的两部制水价，且按成本核定水价，在推动受水区水价改革的基础上不断提高用水效率和效益。天津市将外调水与地表水、地下水、再生水和淡化海水进行差别定价、优水优用，是全国首个省级节水型社会试点。河北省在全国率先启动水资源税改革，"三高"行业用水税率从高设定，以税收杠杆促节水。河南省实行最严格水资源管理制度考核办法，确定了各市实行最严格水资源管理制度及其主要控制目标，制订年度调度计划，对各类取用水户严格按照用水定额核定用水计划，控制用水的无序增长；强化区域用水总量和强度管理，形成"双控双促"的"倒逼机制"。在南水北调水资源共享的前提下，有计划、有节制的水资源利用管理机制初步形成。

此外，河南省率先在南水北调中线工程受水区组织开展水权试点工作。2015 年 3 月，河南省出台了《河南省南水北调水量交易管理办法（试行）》，用于规范水权试点工作中南水北调水量交易行为，利用市场机制优化配置丹江水。2016 年起河南省还出台了《河南省南水北调水量交易风险防控指导意见》《关于规范南水北调水量交易综合水费缴纳渠道的通知》等，鼓励支持地区间水资源配置市场的健康发展。

2016 年 6 月 28 日，河南省内首宗跨流域区域水权交易暨平顶山市—新密市区域水权交易在中国水权交易所开业活动上正式签约。交易水量为 2 400 万米³ 南水北调水，期限为 3 年。按照水权交易协议，新密市按照每立方米 0.49 元的标准向平顶山市支付水费。按年调剂 2 200 万米³ 水量计算，新密市每年需向平顶山市支付水费 1 078 万元。平顶山市借助南水北调干渠和配套工程将水输送到郑州市尖岗水库；通过新建的引水入密工程向新密市输水。引水入密工程包括取水工程、输水工程、调蓄工程、水厂工程和供水工程，新密市新建了供水规模为每日 5 万米³ 的水厂和 24 千米长的供水管道，直接向新密市城区供水，解决用水需求。工程于 2016 年 7 月完成建设。2018 年 5 月，引水入密工程正式通水。① 南水北调水权交易遵循"节水优先、空间均衡、系统治理、两手发力"的工作方针，统筹调配用水量，盘活南水北调富余水指标，达到了双赢的目的。

沿线地区应将调水带来的影响转化为激励作用，调整产业结构，精简技术含量低、资源耗量高的产业，大力发展资源节约型产业，特别是水资源节约型产业，发展节水型农业、节水型工业，建设节水型社会。事实上，水权交易是水资源综合利用的一个重要手段，在水资源综合规划和节水型社会建设规划纲要的基础上，管理部门要建立水资源的宏观控制指标和微观定额指标，并明确各地区、各行业、各部门乃至各单位的水资源使用权指标，确定产品生产或服务的科学用水定额，建立"以总量控制、定额管理为主"的节水管理制度，研究有利于促进节约用水的水价机制，引导水资源向高效产业合理配置。与传统的主要依靠行政措施推动节水的做法不同，节水型社会的本质特征是建立以水权、水市场理论为基础的水资源管理体制，充分发挥市场在水资源配置中的导向作用，形成以经济手段为主的节水机制，不断提高水资源的利用效率和效益，实现水资源的生态环境价值与经济社会价值的协调统一。

三、完善社会治理：经济发展与社会公平的协调

（一）做好对口协作，实现地区之间的协调发展

南水北调中线工程流经河南省、河北省、北京市、天津市 4 个省（市）。各地区人口、经济发展状况都有所差异。进入新时代，我国社会的主要矛盾就是人民日益增长的美好生活需要和不平衡不充分的发展之间的矛盾。水源区和受水区各地经济发展、工业发展水平的差异，使得各地区水资源分配也存在差异，同时由于南水北调水资源调用成本与用水成本直接关联，各地区之间，以及各行业之间可能存在潜在的用水矛盾。南水北调通水以来，沿线各地市都特别重视调水资源利用效率问题。南水北调作为我国实现水资源长距离大规模调用的超级工程，对我国经济社会发展具有重要的推动作用，水资源在各地区之间的合理配置，是实现区域协调发展，推动河南省经济社会高质量发展的重要举措。

地区之间经济社会发展的不平衡是河南省一直以来面临的问题。依托南水

---

① 河南省水权试点完成首宗跨区域水量交易 [EB/OL]. （2016 - 9 - 23）mwr. gzlps. gov. cn/gzdt/bmdt/201706/t20170614_12853807. html.

北调中线工程，开展对口协作，实现利益均衡化，帮助受水区和水源地实现经济发展与社会公平，对南水北调充分发挥效用十分重要。对库区产业基础设施建设、经济发展十分落后的地区而言，要兼顾发展与高标准保护环境双重任务，并不是一件轻而易举的事情。

为促进水源区强民生、保水质、绿色转型发展，从根本上筑牢丹江水生态屏障，国家在产业转移、对口支援等方面出台了一系列优惠政策，全面开展了受水区与水源区的对口协作工作。南水北调工程各受水区口门水量分配本质上是依据各城市国民生产总值，在没有任何宏观调控措施的假设下调水，使调水区与受水区之间的利益呈非均衡格局，长此以往将进一步呈现不协调、不均衡的局面。为避免马太效应的扩大，国家通过宏观调控，用中线工程统一调水和管理机制把水源区与受水区、受水区与受水区紧密联系起来，有效构建水源区资源与受水区人才、技术、资金、信息、市场等优势互补的"南水北调中线协同发展机制"，成为水源区扩大开放、招商引资、发展外向型经济的通道和桥梁。据不完全统计，"十三五"期间，京豫合作项目超 1.5 万个，到位资金7 600 亿元，约占全河南省引进省外资金总量的 15.9％。北京市成为河南省引进省外资金的重要来源地。近年来，从南水北调中线工程受益的北京市、天津市、石家庄市等大中城市在基础设施、生态治理、产业升级等方面实施"智力支援"战略，扶持水源地高新技术企业、高等教育学校的发展，并发展职业教育、开展科技培训，提高农民素质。培训是"智力支援"的重要内容，劳务输出是缓解就业压力的有效途径。为提高并保证输出劳动力的质量，各支援方站在整个库区的高度，帮助库区建立劳务培训基地，作为技术培训中心。由各劳务输出接收单位到库区招聘并在基地进行培训，合格后方能输出，以此提高劳务输出的质量。把"打工经济"转变为"创业经济"，变"输血"为"造血"，实现以工促农，推进农村经济、政治、文化和社会的全面发展。

2021 年 6 月，国家发展改革委、水利部联合下发《关于推进丹江口库区及上游地区对口协作工作的通知》，明确将对口协作期限延长至 2035 年。文件名称将原来的"合作"表述变为"协作"，一字之差，代表的是河南省依托南水北调工程迎来的发展机遇的重大变革。2022 年 2 月 16 日，《河南省"十四五"深化区域合作融入对接国家重大战略规划》正式发布，文件明确提出，着力抓好 4 大主导战略、2 大重点合作，创新发展京豫和南水北调战略合作，深度融入京津冀协同发展战略。新一轮京豫战略合作，更强调融合协作，更具可操作性和持续性，强调充分利用北京市科技创新、国际交往优势，推动京豫双方在更高层次、更多领域、更广空间的合作交流。其中，"打造以南阳省域副中心城市为龙头、以南水北调水源区市和干渠沿线市为主体、涵盖全省的国内跨区域合作样板和内循环示范"等表述，明确传达了一个信号，即围绕南水北调，南水北调水源地与京津冀下一阶段的深度协作将在更广泛的领域开展。在新发展阶段，双方对口协作领域正朝着培育高附加值农副产品、中医药科研、特色医疗技术共建、新材料研发和智能制造、共建医养健康基地等细化领域多点发力，并持续不断深入。通过 7 年多的具体探索和实践，京宛对口协作工作已进入转型提质、跨越发展的新阶段。2022 年初，南阳市以政府 1 号文件形式出台《南阳市关于进一步加强南水北调对口协作工作的意见》，围绕"南水北调对口协作 2035"远景目标，从水质保护、产业转型、乡村振兴、民生保障、人才交流等方面强化体制机制保障，以增强自我发展能力、实现产业振兴和社会事业全面提升为核心重点，助推南阳市走好水源地高质量跨越发展之路。

（二）做好移民迁安，促进农村治理现代化

南水北调移民迁安是受水区与水源区协调发展的又一重要指标。南水北调工程根植于民心民意，关切了各方利益，是受水区、水源区、移民安置区多方受益的共赢工程。党中央在推进南水北调工程中，始终坚持党的群众路线，及时回应各方面的关切。在工程规划中充分听取各方意见，最大限度地集中各行业智慧；在工程建设中充分考虑地方诉求，大力推进水源区、受水区和沿线区的协调发展；在移民搬迁中制定合理惠民的补偿补助政策，确保广大移民群众搬得出、稳得住、能发展、可致富。

南水北调中线工程需动迁 21 万人，涉及 7 个省市 100 多个县，但主要集中在中线的丹江口库区。动迁居民中，有四成需要外迁安置。如果这部分外迁安置的移民统统进入城市，是不现实的。南水北调移民安置工作采取就地安置办法。移民安置点集中建设村镇住宅，发展小城镇，吸收外迁移民进入小城镇从事第二、三产业，既可解决移民的就业问题，又使农村劳动力就业结构发生根本变化，因此成为一条现实的道路。

在移民村和移民城镇的建设过程中，工程移民的融入会导致不同利益相关方利益格局的变化。在社会发展层面，会发生不同地区人群的就业与收入的绝对变动与相对变化。因此，需要制定合理的产业政策和补偿政策，协调工程产生的项目收益，使相关地区和人群都能公平地从工程建设中获益。以库区移民为例，尤其是对于一些长期居住在山区、主要经济来源依赖农业收入的库区

移民来说，失去了土地就等于失去了赖以生存的基础。淹没区的居民整体搬迁，导致移民区传统社会网络的解构，移民生产方式和生活方式都可能随之发生根本的变化。移民在融入新的社区时普遍存在的隔离感也影响了移民区的稳定。

南水北调工程移民带动的新兴城镇和新型农村社区建设，将导致移民内部、移民与原住民群体内部的社会关系重构，形成不同的利益群体。移民的自身能力与素质，决定了其是一个弱势群体。为了保障移民的利益，政府对其进行居住与就业安置，提供经济补偿是一个方面，更重要的是要倡导移民的公众参与意识，积极接受教育与技能培训，不断提高自己的能力与素质，适应新的生存环境，从而推动移民村镇的经济发展与社会公平的协调。

要加强能力建设，技能提升是必要手段，更关键的是激发公民的内生动力。移民迁安更核心、更深层次的工作包括为农民赋权，强调通过优化治理机制不断给市场经济主体和公民赋权。赋权是对参与和决策活动的全过程的权力的再分配，这意味着在社会发展进程中，各个角色都应该具有对发展政策和实践的参与决策权，并且还需要建立一整套行之有效的制度加以保障。移民的参与式发展强调通过向移民群众赋权，使其全方位参与移民迁移、安置及后期扶持等的整个过程，充分照顾到移民的行为习惯，最大限度地体现目标群体的利益。通过使移民参与其中，建立一个政府和移民良好的互动模式，实现工程发展与社会公平的协调。

丹江口核心库区15万移民多数安置在南阳市各县区。南阳市移民安置充分考虑当地的风土人情、自然环境、经济基础，将移民安置工作重点放在具有一定发展优势和经济条件较好的小城镇上，在基础设施建设、改善经济发展环境上下功夫，以增强其经济发展的凝聚力、向心力以及影响力，形成聚集效益。移民村镇建设坚持经济发展和环境保护同时抓。在加强水电路等基础设施建设的同时，加强文教体卫等社会公共事业的建设，使其步入良性循环轨道，达到高质量发展的目的。

沿线各地积极探索移民新村治理模式，让移民群众住得安心、充满信心。在平顶山郏县马湾新村，移民部门在全村大力推行了民主议事会、民主监事会、民事调解委员会和社区物业管理公司为主体的"三会一管"社会管理模式。得益于这一模式，户户通天然气工程进展顺利。2008年，邓州市安置南水北调移民3万多人，市委动员各乡村按照"四议两公开"工作法进行民主决策，让移民代表也参与到民主决策全过程，不到半年时间就妥善调整好30多个移民村的生产生活建设用地。全省南水北调移民村坚持创新社会治理，构建了村党支部领导、"两委"主导、"三会"协调、社会组织广泛参与、法制保障的新型基层社会治理模式。同时，基础设施持续改善，特色产业发展初见规模，特色种植业总面积达到 58.60 万亩，建成规模养殖场 5 119 个。工业及加工业年产值 186.61 亿元。移民社会治理正逐步走上制度化、规范化轨道。各地抓住南水北调工程带动当地经济建设的机会，借助移民流转迁徙安置的契机，把城镇建设规划与经济产业发展融合，将保障移民基本民生与建设现代化农村社区相结合，探索移民社区基层社会治理的创新。

（三）生态化社会治理机制创新

南水北调工程运行中出现的新问题诱发了社会治理领域的机制创新，更科学的环境生态规划制定，更严格的环境生态行政执法，更注重环境风险预防的诉讼机制，更人性化的移民安置政策，更完备的突发环境事件应急处理机制等，同时为社会治理创新提供了新的研究课题。

1. 生态文明法治观对地方性立法的隐性影响

生态文明法治观对河南省近年来地方性立法影响深远，不仅体现在围绕南水北调工程的供水、用水、保护进行了创设性的地方性立法，还体现在越来越多的地方性环境生态立法出现在各地级市的地方性立法清单中。

以围绕南水北调工程可能出现的生态环境风险为例。风险社会立法的最大困难之处，在于要对不可预知的未来立法。根据对南水北调工程高质量发展所面临的生态环境风险的评估，相关研究者发现这些风险往往是整体的、系统性的。例如在南水北调工程风险因素评估中，相关研究者发现传统认知归类于工程风险、水质风险的洪水、突发性污染事故等风险因素出现了向供水风险富集的现象（图 2-3）。

因此，传统的、主要由个体和个别组织采取的风险防控手段，例如加固水事工程、清除干线附近污染源、增加应急储备开支等方式，都很容易失效。既然生态环境风险从社会层面而言是整体性的，也就意味着对风险的管理控制具有公共产品性质，必须由政府提供或制定法律加以协调。

考察涉及南水北调工程生态环境风险管理的规范性文件，呈现出较强的部门立法特点（图 2-4）。对南水北调工程生态文明法治理念的重视，带来了部门立法的重点转移。在南水北调工程相关领域的调研中，研究者发现，部门立法的协调性突出表现在对涉及南水北调供用水的环境生态领域的重视上，例证是河南省率先出台的《河南省南水北调饮用水水源保护条例》，以及各地市出

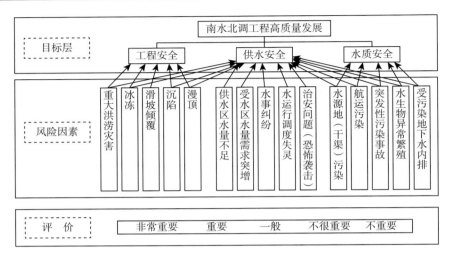

图 2-3 南水北调工程风险因素评估指标体系

图 2-4 南水北调风险防控部分规范性文件(截至 2022 年 3 月)

台的突发环境事件应急预案,如《南水北调中线工程新乡段突发环境事件应急预案》《南水北调中线工程焦作段突发环境事件应急预案》。但是,部门协调在其他一些领域执行得还不够顺畅。如根据《生产安全事故应急条例》,易燃易爆物品、危险化学品等危险物品的生产、经营、储存、运输单位,矿山、金属冶炼、城市轨道交通运营、建筑施工单位,以及宾馆、商场、娱乐场所、旅游景区等人员密集场所经营单位,应当将其制订的生产安全事故应急救援预案按照国家有关规定报送县级以上人民政府负有安全生产监督管理职责的部门备案，并依法向社会公布。原则上来说，依照法律规定，南水北调工程包括水工程设施和运行生产不需要向安全生产监督部门报备应急预案。但是根据2021年修订的《安全生产法》，县级以上地方各级人民政府交通运输、住房和城乡建设、水利、民航有关部门依照本法和其他有关法律、法规的规定，在各自的职责范围内有权对有关行业、领域的安全生产工作实施监督管理；应急管理部门和对有关行业、领域的安全生产工作实施监督管理的部门，应当相互配合、齐抓共管、信息共享、资源共用，依法加强安全生产监督管理工作。而根据生态环境风险因素统计评估，随着南水北调工程生产运行时间的增长，由于设施和配套管网老化等原因带来的安全生产风险将是生态环境安全的一大障碍。因此，出于对此类环境风险的考量，有必要在专门涉及南水北调生产安全管理的相关法律规范中进一步体现相关部门的监督管理责任。

受限于生态环境风险防控整体思维缺位带来的制度衔接障碍，我国风险防控制度体系的系统性不足，法律、法规、规范性文件之间衔接度不够。虽然《突发事件应对法》在2007年就已经施行，但是，从近年特大洪涝灾害和疫情防控的应对情况来看，《突发事件应对法》所确立的应急体制中的规范作用和协调作用没有真正发挥出来，真正的应急体制仍然是由高度统一的党政领导体制来完成的，没有充分发挥出专门职能部门特别是基层社区管理组织的功能。以南水北调工程突发事件应对为例，目前，全流域的南水北调风险应对法治体系迟迟没有建立，河南省制定的《河南省南水北调工程突发事件应急预案》（2015）内容相对比较系统，也体现出了很强的专业性，但是对比2021年12月的《国家突发事件应对管理法草案》（以下简称《草案》），河南省的南水北调突发事件应急管理在管理机制、手段、保障等与国家法律难以协调。如《草案》规定"国家建立统一指挥、专常兼备、反应灵敏、上下联动的应急管理体制；明确县级以上人民政府及应急管理、卫生健康、公安等有关部门在突发事件应对管理工作中的职责；明确应急指挥机构可以发布有关突发事件应对管理工作的决定、命令、措施等，解散后有关法律后果由本级人民政府承担。"这种规定对南水北调工程管理组织和运行维护部门的应急预案管理和执行产生了一定影响。从法律属性上分析，应急预案本质上是政府实施非常态管理时的执行方案，在法律位阶上属于政府制定的"其他规范性文件"，然而考察《河南省南水北调工程突发事件应急预案》，从应急预案制订机构、执行机构到部门之间的协调力度，都需要在整体性思维指导下建立与国家层面相协调的风险预防和应急管理机制。

2. 南水北调为河南省环境社会治理机制创新带来新的方向

南水北调工程河南省沿线地区的环境治理模式主要有以下特点：治理手段以行政监管为主，市场机制和社会治理为辅；治理主体以环保部门为主，工程管理部门相关所属机构为辅；协同治理平台以地方行政机关的区际联合协调处理为主，社会组织联合体较少。近年来，河南省在环境社会治理方面也有一些行之有效的做法。一是社会主体参与。环境社会治理的基本理念是环境保护多元共治，河南省推行南水北调河长制，设立南水北调中线水源地及干线工程省、市、县、乡、村五级河长。除了政府和企业之外，包括个人、家庭、社区、媒体、智库、各类社会组织机构在内的社会力量都是南水北调生态环境治理的主体。比如公众环境监督、南水北调志愿服务、媒体的生态文明价值观引导、南水北调生态环境保护绿色智库、沿线生态保护林建设的护林岗设置，等等。二是社会资本参与。自 2002 年开始，南水北调节水和治污工程建设吸引了上百家企业参与到环境保护工程规划设计、沿线城市污水处理计划、节水规划中，其中包括了众多商业银行和环境保护产业协会、水利企业协会等社会组织。以淅川县南水北调移民村生态产业发展为例，邹庄村长期坚持创新社会治理，构建了村党支部领导、"两委"主导、"三会"协调、社会组织广泛参与的新型基层社会治理模式。村委争取民意，积极引进农田水利建设项目，建设机井、整修道路、沟渠，引进河南丹江源农业有限责任公司，把移民村发展与乡村旅游相结合，建成生态农业园，成为引领群众致富、集体增收的新"引擎"。三是社会共识形成。南水北调相关的生态环境保护社会共识的形成，经历了一个比较长的时期。工程建设之初的一些社会调研显示，许多地市领导者认为自己是被动的"牺牲者"，对工程的环境保护缺乏热情，较少从积极角度建立工程与地方之间的联结；90％以上的地市政府认为，工程一旦进入运营期后，双方基本处于独立不相关关系。近年来，通过区际对口协作发展生态产业、对中线水源重点生态功能区转移支付等政策，一定程度上激发了水源区各级政府和广大人民群众保护水源的积极性。越来越多的人认识到，对南水北调沿线区域来讲，生态环保是一个制约因素，也是未来发展的一个增长极。近年来，南水北调生态环境保护的理念已经成为广泛的社会共识。

目前，南水北调环境社会治理的多元参与还存在一些机制创新的空间。一方面，我国生态环境立法中，政府、市场和社会主体的参与比例失衡是比较普遍的。如在《中华人民共和国环境保护法》中，以政府、市场和社会为主体的环境政策工具占比分别为 58.27%、20.47% 和 21.26%[①]。政策失衡在一定程度上限制了市场和社会主体参与生态环境治理的行动边界。另一方面，程序法和配套政策的缺失，影响了实体法的落实。如《河南省南水北调饮用水水源地保护条例》明确规定"汇水区县级以上人民政府定期开展风险源调查评估，建立一源一档的风险源档案，实行动态分类管理，筛查可能存在的污染风险因素，并采取相应的风险防范措施"。规定了地方各级人民政府对本辖区水质风险评估工作负责，但由于对责任追究方式和如何承担责任缺乏实质性约束政策和程序，导致地方政府参与风险治理的积极性不足。《河南省南水北调饮用水水源保护条例》第四十四条规定"饮用水水源保护区范围内的各级人民政府应当因地制宜、科学合理确定农村污水治理模式，加快污水处理设施建设，实现农村生活污水管控、治理全覆盖。村民委员会应当加强对本村的生活污水收集处理设施的日常管理，负责污水处理设施的正常运行。鼓励和支持社会资本参与农村污水处理设施的建设、管理和运营。"第四十九条规定"南水北调饮用水水源保护范围内县级以上人民政府应当鼓励、支持金融机构建立南水北调饮用水水源保护绿色信贷服务体系，通过政府支持、投资补助等方式支持南水北调饮用水水源生态保护项目建设。鼓励和支持社会资本积极参与南水北调饮用水水源生态保护项目建设"。但是对于社会资本"参与农村污水处理设施的建设、管理和运营""参与南水北调饮用水水源生态保护项目建设"的具体方式、权利归属没有进一步具体规定。此外，南水北调水资源作为全民所有的自然资源，如果所有权人不到位，管理权人不明确，会造成所有权人权益不落实，生态环境保护的责任主体无法明确，市场主体参与环境治理的形式多为被动遵从，缺乏主动参与。至于生态治理社会参与的保障措施，则更为笼统。

3. 南水北调推动生态文明理念在河南省行政管理机制中的应用

一方面，河南省强化水质保障工作协调配合。河南省水利、环境、住建、交通等各有关部门积极落实省委、省政府有关要求，通力协作，强化南水北调输水水质保障；成立调水工作协调小组，构建信息交流平台，建立调水运行水质监测与预警、干线航运保障与监管、突发水质事件应急处置、水质数据共享与发布等水质保障机制；不定期联合监督巡查干线水质，及时处置水质风险隐

① 沈坤荣，金刚. 中国地方政府环境治理的政策效应：基于"河长制"演进的研究 [J]. 中国社会科学，2018.

患。另一方面，积极推进水环境长效管控。南水北调沿线地方政府将南水北调断面水质达标纳入治污目标责任书，明确主要领导为第一责任人，把水污染防治工作纳入其综合考核指标体系，实行"一票否决制"。南阳市编制了专项规划，把输水干线周边 300 千米² 范围划定为核心保护区，搬迁关停污染企业，实施植树造林和生态修复。河南省则将水源地丹江口水库周边划为生态红线一级管控区，禁止一切形式的开发和建设活动；沿线各地持续加强农村环境整治，开展农村生活垃圾转运系统和生活污水处理工程建设，全面推进秸秆禁烧和综合利用。通过不懈努力，南水北调河南段及相关沿线湿地的水生态得到有效修复，水环境明显改善。

4. 河南省生态环境纠纷解决机制发展迅速

近年来，河南省受水区积极开展生态环境公益诉讼制度实践，落实生态补偿和生态环境损害赔偿制度，实行生态环境损害责任终身追究制。2015 年，最高人民法院《关于审理环境民事公益诉讼案件适用法律若干问题的解释》（以下简称《公益诉讼司法解释》）第一条将"具有损害社会公共利益重大风险的污染环境、破坏生态的行为"纳入环境民事公益诉讼的适用范围，首次为预防性环境司法提供了明确的规范依据。该适用范围的扩张使得"具有损害社会公共利益重大风险"进入司法范畴。预防性环境司法在南水北调高质量发展中的实践近年来有了长足发展。2021 年 10 月 22 日，在最高人民检察院指导下，河南省人民检察院牵头组织，联合南水北调中线工程沿线北京市、天津市、河北省、湖北省、陕西省六省（直辖市）人民检察院在淅川县召开服务保障南水北调中线工程检察公益诉讼协作会，六省（直辖市）检察机关代表共同签署《服务保障南水北调中线工程公益诉讼检察工作协作意见》，围绕工程安全、供水安全、水质安全、生态安全共同发力，提升监督精准度，推动公益诉讼在南水北调生态保护中发挥更大作用。当然，由社会组织提起的民事公益诉讼受限于侵权诉讼本质，在预防环境风险上面临难以克服的固有局限。目前，围绕南水北调工程，检察机关提起的预防性环境公益诉讼数量较少，生态环境检察公益诉讼主要是针对环境污染、生态破坏后果提起的惩罚之诉、修复之诉，鲜有在事前的规划、环评、许可等阶段提起的公益诉讼或诉前程序案件，禁止令发挥的作用也还比较有限。

自 2014 年 12 月 12 日通水以来，南水北调中线工程为河南省经济社会发展提供了坚实支撑。作为南水北调工程最大的受水区，河南省坚持生态优先、绿色发展，让广大人民群众共享社会高质量发展成果，人民群众的获得感、幸福感、安全感不断提升。2021 年 5 月，习近平总书记在推进南水北调后续工程高质量发展座谈会上指出，要充分肯定南水北调工程的重大意义，系统总结南水北调工程的宝贵经验，推进南水北调后续工程高质量发展。这对河南省继续积极践行绿色发展理念，高质量推进调水工程与社会协调发展提出了更高的要求。河南省应当以更高水平的要求，加强南水北调工程水源区和沿线地区生态环境保护，既充分发挥南水北调工程为沿线地区补水的生态效应，促进更大区域生态环境改善，又最大限度地发挥南水北调的经济效应，推动南水北调工程运行监管、生态补偿、纠纷解决机制的现代化，最终实现经济、社会、生态效益的统一。

第 三 章

南水北调与河南省生态化
行政管理机制

南水北调中线工程的建设与运行，给河南省社会高质量发展带来了巨大机遇。为确保南水北调中线工程的平稳、安全、高效运行，河南省按照中央的统一部署，进行了适应工程运行管理的行政体制机制改革。

第一节　南水北调与河南省生态化行政
管理机制的创新实践

南水北调中线工程建成通水以后，其重心就由建设转向运营管理。作为一个世纪性的宏伟调水工程，南水北调中线工程运营管理肩负的任务艰巨、责任重大。在南水北调中线工程建设的初期，中央就已经开始提前谋划工程的建设管理体制机制。经过多年的精心谋划和实践探索，南水北调中线工程探索出符合工程特点的生态化行政管理体制机制，成为新时代跨流域调水工程体制机制创新的典范。

一、南水北调中线工程运行管理体制的总体框架

在顶层设计层面，南水北调中线工程确立了"政府宏观调控、准市场机制运作、现代企业管理、用水户参与"的总体性架构。[①] 这个总体性运行管理体制要求，为南水北调中线工程协调好"中央与地方""行政与市场""政府管理

---

① 张基尧. 南水北调工程建设管理体制［M］. 北京：中国水利水电出版社，2008：55.
张基尧. 南水北调回顾与思考［M］. 北京：中共党史出版社，2016：44-45.

与公民参与"作出了总括性的部署。在南水北调中线工程的运行实践中，最终形成了"统一协调、政企分开、政资分离、企业执行、用水户参与"的管理模式。①

（一）统一协调

统一协调体现了社会主义体制集中办大事、办好事的制度优势。像南水北调中线工程这样宏大的战略性工程，它的平稳运行离不开具有超强动员能力、整合能力的体制机制。对于区域关系格局而言，南水北调中线工程的开工建设是一种应用外在的、高强度的介入性力量的建设。伴随着南水北调中线工程的实施，原有的区域关系格局被外在力量的介入打破，导致既有的跨流域利益格局进行重大调整。南水北调中线工程的实施，必须有一个权威性的主导力量，对不同区域利益的重新配置进行统筹谋划。在顶层设计方面，党中央和国务院统筹设计南水北调中线工程的运行管理体制，以便于整合资源和力量，攻坚克难，协调好错综复杂的利益关系。

（二）政企分离、政资分离

政企分离、政资分离要求政府恪守行政主体的本位、本职。行政与资本遵循不同的运行逻辑，若行政逾越了资本的界域会导致资本的反噬。在社会主义市场经济体制运行过程中，要始终警惕"政企不分"的计划经济时代教训，要避免政府部门及其工作人员主动进行权力寻租，还要避免资本对行政权力的反噬和围猎。具体到南水北调工程项目，就是要让政府担负工程建设和运行的行政管理职能，做好国有资产的"干净出资人"。

（三）企业执行

企业执行意味着国有企业是南水北调中线工程的市场化运作主体。在南水北调中线工程的建设和运行管理过程中，企业执行意味着项目建设采取项目法人责任制。对于经营性建设项目，采取项目法人责任制是最常见的建管方式。项目法人责任制意味着，组建项目法人是工程建设的基础性、首要性工作。当项目法人组建起来后，该法人负责工程资金筹措、生产经营债务偿还等全部环节和整个监管过程。在时序逻辑上，工程投资各方可以先组建项目法人，再具体实施项目，这样能够确保项目的产权和责任明晰。从项目法人的具体类型来

---

① 尽管不同国家行政体制存在显著差异，但在进行大规模、跨流域调水方面，形成了近似的管理运营模式。以美国的加利福尼亚州水道工程为例，该工程通过成立国有控股有限责任公司，将中央政府、地方政府、用水户吸纳进去，实现了中央政府统一协调、政企分开和用水户参与。参见管光明，庄超，许继军. 跨流域调水管理与立法［M］. 北京：科学出版社，2019：94.

看，项目法人既可以是独资公司，也可以是有限责任公司，还可以是其他项目建设组织。这就意味着，项目法人的组建方式比较灵活，工程建设方可以根据具体情况，采取最为合适的项目法人形式。具体到南水北调中线工程来说，早在工程前期论证阶段，中央就十分重视项目法人的组建工作。根据中央的统一安排部署，最早拟组建的项目法人是南水北调中线水源有限责任公司、南水北调中线干线有限责任公司（南水北调中线干线工程建设管理局）。① 从这种安排可以看出，中央的最终目标是对南水北调中线工程全面实现公司制运行。到了 2020 年，中央立足于进一步改革和完善国有企业，建立和完善中国特色现代产权制度，决定组建中国南水北调集团公司，如图 3－1 所示。

（四）用水户参与

用水户参与意味着受水区沿线省市政府应参与到中线工程的运行管理之中。用水户是南水北调中线工程的直接受益者。具体而言，南水北调中线工程的用水户，主要是指干渠沿线受水区的省市政府。引入用水户参与工程运行管理，具有两个方面的显著优势。一方面，南水北调中线工程的成功运营，离不开受水区地方政府的积极参与。在工程建设阶段，需要干渠沿线的地方省市政府积极投资。② 在工程运营阶段，地方政府参与运营管理，是其作为投资者权益的具体体现。另一方面，南水北调中线工程运营成效直接关系用水户的切身利益。用水户作为利害关系人，具有参与和监督工程运行的迫切意愿。用水户的参与和监督，有助于实现供水企业内部信息外部化、隐蔽信息公开化，促进供水企业降低交易成本，优化水资源配置。③ 目前，用水户参与不仅是通行的国际经验，还是被南水北调中线工程运行实践所检验的正确做法。

二、南水北调中线工程运行管理体制的组建

按照中央关于南水北调中线工程运行管理体制的总体设计，由中央和地方

---

① 参见张基尧. 南水北调工程建设管理体制［M］. 北京：中国水利水电出版社，2008：71. 根据国务院南水北调工程建设委员会批复，2004 年水利部组建南水北调中线水源有限公司。2014 年 12 月，中线工程通水后，南水北调中线水源有限公司肩负起水源工程运行管理的职责。截至 2022 年 1 月 1 日，南水北调中线干线有限责任公司尚未正式组建。

② 发挥地方参与中线工程建设的积极性，还需要注意避免因照顾相关地方利益，影响到南水北调中线工程的质量和进度。南水北调中线工程的总投资超过 1 500 亿元，但是标段划分过小，前期标段 1 亿~2 亿元，后期标段 3 亿~5 亿元，导致主体工程有近 300 个施工标段。工程标段过小，不利于调动国有大型水利工程公司的积极性，容易诱发这些大型公司对外转包工程任务。参见郭晖，孙婧. 南水北调中线工程建设管理的若干思考［J］. 人民黄河，2015（1）：124.

③ 张基尧. 南水北调工程建设管理体制［M］. 北京：中国水利水电出版社，2008：57.

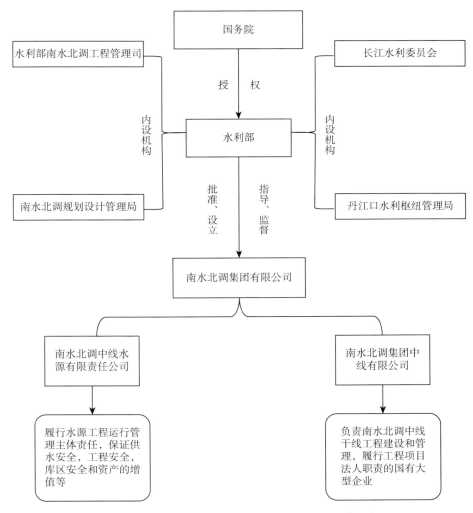

图 3-1 南水北调中线工程运行管理体制的总体框架

通过组建行政机构、项目法人，协同负责南水北调中线工程的管理运营事务。

（一）南水北调中线工程行政管理机构及其职责

南水北调中线工程由中央政府主导规划、建设和运营。早在 2003 年，国务院设置南水北调工程建设委员会（其办事机构为：南水北调工程建设委员会办公室），承担南水北调工程建设期的工程建设行政管理职能。由于南水北调东线和中线工程已经竣工，南水北调工程建设委员会办公室已经圆满完成其历史使命。到了 2018 年 3 月，根据第十三届全国人民代表大会第一次会议批准的国务院机构改革方案，撤销了南水北调工程建设委员会办公室。根据新的机构改革方案，原南水北调工程建设委员会办公室的职能被一分为二：一部分并入中华人民共和国水利部，另一部分并入中华人民共和国生态环境部。

1. 中央层面的行政管理机构设置及其职责

按照改革后的水利行政管理体制，南水北调中线工程主要归口于水利部管理。就南水北调中线工程的运营管理而言，水利部的南水北调工程管理司、调水管理司、水库移民司和长江水利委员会是具体的管理部门。

在水利部的机关司局中，主要由南水北调工程管理司、调水管理司和水库移民司负责南水北调中线工程的行政管理工作。南水北调工程管理司是南水北调三条线路的总归口单位。在南水北调中线工程干渠通水运行后，南水北调工程管理司的管理职责集中在制订年度调水计划及实施、指导监督工程运行管理工作和推进后续工程、配套工程建设三个方面。调水管理司主要负责南水北调中线干线工程建设的前期水资源供需形势分析、后续工程的前期工作以及工程评估工作。水库移民司主要负责南水北调中线工程移民工作，特别是协调落实移民后续发展问题。除了水利部的内设司局，长江水利委员会也肩负着南水北调中线工程的部分管理职责。从单位性质的角度来看，长江水利委员会属于水利部的流域派出机构。由于南水北调中线工程的水源地是丹江口水库，该水库从流域的角度归属于长江流域。在长江水利委员会之内，专门设置丹江口水利枢纽管理局，该局是水源地工程建设和运行管理的责任主体。

2018年，国务院进行了新一轮、大规模的机构改革。南水北调中线工程项目区的生态环境保护职责，被划归到生态环境部。在中华人民共和国生态环境部水生态环境司内设重点工程水质保障处（简称水保处），专司水源地生态保护和南水北调等国家重大工程项目区水质保障工作。

2. 河南省受水区的行政管理机构设置及其职责

在河南省辖区内，南水北调中线工程管理机构主要是管理处和工程运行保障中心两个。对于河南省南水北调中线工程管理运营来说，2014年和2016年是两个重要的时间节点。2014年12月15日，是河南省境内南水北调干渠首次通水的日子。两年后，周口东区水厂的正式供水运行，成为河南省丹江水受水区全部通水的标志。到了2018年，河南省围绕南水北调中线工程的运营管理，进行了一次系统性机构改革。

河南省水利厅设置南水北调工程管理处，成立五个直属事业单位：南阳南水北调工程建设管理处、平顶山南水北调工程建设管理处、郑州南水北调工程建设管理处、新乡南水北调工程建设管理处和安阳南水北调工程建设管理处。南水北调工程建设管理处是河南省水利厅的内设机构，主要负责南水北调中线工程的运营管理。五个直属事业单位的管理处对工程的运营管理进行分段负责。

在河南省辖区内，南水北调中线工程的配套工程由相关地市的南水北调工程运行保障中心负责运营管理。根据《河南省南水北调年鉴 2020》，可以将各地市南水北调工程运行中心的机构设置情况进行汇总。由于配套工程的管理是一种属地管理，相关地市拥有充分的自主管理权。从各地市的运行中心设置情况来看（表 3-1），机构名称、编制数、领导职数和机构级别存在较大差异。在行政级别方面，多数运行保障中心是隶属于市水利局的正处级事业单位，个别地方是副处级事业单位。从调研情况来看，南阳市和新乡市的南水北调工程运行保障中心比较特殊，两者直接归口于市政府的水利系统，而不是设置在市水利局之中。在职能方面，多数运行保障中心同时挂移民服务中心的牌子，少数地方运行中心不涉及移民问题。不难看出，河南省并未成立一个统一的工程运行保障中心，不利于对配套工程进行统一管理。

表 3-1　河南省南水北调工程运行保障中心

机构名称	主管部门	计划编制/落实编制	内设机构	领导职教	成立日期	资料来源
郑州市南水北调工程运行保障中心（郑州市水利工程移民服务中心）	郑州市水利局	61/61	6 个处：综合处、财务处、建设管理处（环境保护处）、计划处、移民处、质量安全监督管理处	中层职数：6 正、6 副	2019 年 6 月	河南省南水北调年鉴编纂委员会.河南省南水北调年鉴 2020［M］.郑州：黄河水利出版社，2020：294.
焦作市南水北调工程运行保障中心（焦作市南水北调工程建设中心）（正处级）	焦作市水利局	17/12	4 个科：综合科、财务科、供水运行科、工程科	领导职数：3 名 中层职数：6 名	2019 年 12 月	河南省南水北调年鉴编纂委员会.河南省南水北调年鉴 2020［M］.郑州：黄河水利出版社，2020：294.

（续）

机构名称	主管部门	计划编制/落实编制	内设机构	领导职教	成立日期	资料来源
南阳市南水北调工程运行保障中心（南阳市移民服务中心）（正处级）	南阳市水利局	65/62	12个科：综合科、人事科、党务办公室、财务科、规划计划科、工程管理科、运行保障科、安置科、扶持发展科、信访科、培训科、技术服务科	领导职数：1正、3副 中层职数：14正、6副	2019年12月	河南省南水北调年鉴编纂委员会.河南省南水北调年鉴2020［M］.郑州：黄河水利出版社，2020：288.
新乡市南水北调工程运行保障中心（正处级）		31/24		领导职数：1正、2副 内设机构领导人数10名	2019年12月	河南省南水北调年鉴编纂委员会.河南省南水北调年鉴2020［M］.郑州：黄河水利出版社，2020：298.
许昌市南水北调工程运行保障中心（正处级）	许昌市水利局	21/21	5个科：办公室、话语财务科、运行管理科、移民安置科、工程保障科	领导职数：8名（5正、3副）	2019年12月	河南省南水北调年鉴编纂委员会.河南省南水北调年鉴2020［M］.郑州：黄河水利出版社，2020：292.
平顶山市南水北调工程运行保障中心（正处级）	平顶山市水利局		主任、副主任、四级调研员	主任1名、副主任2名、四级调研员1名	2019年9月	河南省南水北调年鉴编纂委员会.河南省南水北调年鉴2020［M］.郑州：黄河水利出版社，2020：290.

（续）

机构名称	主管部门	计划编制/落实编制	内设机构	领导职教	成立日期	资料来源
安阳市南水北调工程运行保障中心（安阳市水利工程移民服务中心）	安阳市水利局	20/15	11个科：审计科，政策法规科、人事科、财务科、规划计划科、水资源管理科、建设与管理科、水土保持科、农村水利水电科、南水北调和移民科、河长制工作科	二级调研员1名，三、四级调研员2名，一级至四级主任科员11名，其中一、二级主任科员5名，三、四级主任科员6名	2019年9月	河南省南水北调年鉴编纂委员会.河南省南水北调年鉴2020［M］.郑州：黄河水利出版社，2020：303.
漯河市南水北调工程运行保障中心（漯河市南水北调中线工程维护中心）	漯河市水利局	15/24	4个科：综合科、计划财务科、建设管理科、运行管理科	高级职称：2人、中级职称：4人	2019年1月	河南省南水北调年鉴编纂委员会.河南省南水北调年鉴2020［M］.郑州：黄河水利出版社，2020：291.
周口市南水北调办	周口市水利局	26/未显示	周口市南水北调办管理处，周口管理所，商水县管理所，淮阳区管理所	领导职数：3名	2019年11月	河南省南水北调年鉴编纂委员会.河南省南水北调年鉴2020［M］.郑州：黄河水利出版社，2020：291.
濮阳市南水北调办（副处级单位）	濮阳市水利局	14/14		主任1名，副主任2名	2019年6月	河南省南水北调年鉴编纂委员会.河南省南水北调年鉴2020［M］.郑州：黄河水利出版社，2020：300

（续）

机构名称	主管部门	计划编制/落实编制	内设机构	领导职教	成立日期	资料来源
鹤壁市南水北调办	鹤壁市水利局	15/未显示	4个科：综合科、工程建设监督科、财务审计科、投资计划科	主任1名，副主任3名，内设机构科级领导6名	2019年	河南省南水北调年鉴编纂委员会.河南省南水北调年鉴2020［M］.郑州：黄河水利出版社，2020：302.
邓州市南水北调和移民服务中心	邓州市水利局	未显示	综合科、财务科、规划计划科、工程管理科、运行保障科、安置科、扶持发展科、技术服务科	未显示	2019年3月	河南省南水北调年鉴编纂委员会.河南省南水北调年鉴2020［M］.郑州：黄河水利出版社，2020：304.

此外，对于南水北调水源地和干渠的生态保护工作，由河南省生态环境厅生态环境处负责。河南省生态环境厅生态环境处主要负责三个方面的工作。其一，负责南水北调中线工程的水质保护、水污染防治和生态保护监督管理工作。其二，负责规划编制、项目评价及应急工作。河南省生态环境厅生态环境处负责编制南水北调环境生态保护规划，对生态保护进行统一部署安排。对于水源区、干渠沿线的项目工程建设，要进行生态环境影响评价，避免相关工程项目建设对水源地或干渠生态环境造成破坏。其三，负责南水北调生态整治。作为环境主管部门，河南省生态环境厅生态环境处需要不断努力，改善南水北调中线工程水源地和沿线的生态环境。具体来说，需要综合推进城乡环境整治，特别是整治水源区农村的生态环境。既要进一步开展农业面源污染治理、地下水污染治理，又要组织实施区域大气污染联防联控工作。

（二）南水北调中线工程项目法人的组建及其职责

南水北调中线工程运行管理主要采取项目法人的形式。早在2003年，按照国务院的部署，出台了《南水北调工程项目法人组建方案》。该方案对南水北调中线工程项目法人的组建进行了统筹考虑安排。考虑到实现公司化运行的现实难度，工程项目法人的组建设置了一个过渡时期。直至2022年3月，南水北调集团中线有限公司成立，标志着南水北调中线工程公司化运行的全面实现。在过去的探索过程中，南水北调中线工程项目法人不断完善、逐渐定型。以项目法人的建构和完善为推动力，大型水利工程的市场化改革深入推进，适应水利高质量发展的中国特色现代企业制度逐步确立。

1. 中国南水北调集团有限公司

2020 年 10 月，中国南水北调集团有限公司的成立，标志着中国南水北调工程运营管理取得了新的重大突破。中国南水北调集团有限公司是由国务院批准设立的、由中央直接管理的国有独资有限公司。中国南水北调集团有限公司开启了东、中、西三线集团化运作的新局面。作为一家超大型国有水利骨干企业，中国南水北调集团有限公司具有雄厚的资金实力，注册资本高达人民币1 500亿元。从地位来看，占有举足轻重的地位。中国南水北调集团有限公司是致力于服务国家水资源安全战略的重点企业，关系到国家水网和国家经济命脉。

组建中国南水北调集团有限公司，是全面深化国企改革的重要举措。习近平总书记在全国国有企业党的建设工作会议上强调，坚持党对国有企业的领导和建立现代企业制度是全面深化改革必须坚持的"两个一以贯之"。按照这一要求，中国南水北调集团有限公司的组建和运行，也必须严格坚持"两个一以贯之"。在坚持党的领导下，全面深化南水北调中线工程运营体制改革，最核心的就在于建立现代企业制度。现代企业制度以产权明晰和管理规范为主要特色。中国南水北调集团有限公司以市场化运作为导向，围绕南水北调的工程开发、资金筹集、运行管理，确保工程安全、运行安全和供水安全，综合发挥南水北调中线工程的经济效益、生态效益和社会效益。从国务院给水利部和国资委的批复来看，2020 年的批复明确了中国南水北调集团有限公司的央企地位。考虑到中国南水北调集团有限公司的组建有一个过程，国务院为公司组建设置了过渡期。在过渡期内，由水利部代为履行投资人职责。在过渡期内，水利部出台了《水利部关于明确过渡期内水利部对中国南水北调集团有限公司管理职责的通知》。

从调研来看，中国南水北调集团中线有限公司对于市场化运作的态度比较积极。其一，市场化运作有助于盘活账面沉淀资金。以河南省为例，每年应收水费约 17 亿元，上交 9 亿元。对于扣除运营、损耗之外的数亿元资金，没有很好地加以使用，致使资金大量闲置。资金闲置不符合"应稳步实现国有资产增值保值"的要求。其二，市场化运作有助于适度提高水价。目前，水价仍是按照 2014 年的定价标准。按照中央的规定,南水北调中线工程的水价应该每三年进行一次调整。众所周知,水价调整直接影响企业生产和居民生活,是一件关乎民生的大事。按照我国相关行政法规的规定,对水价进行调整,有关部门必须组织召开相关利益者参加的听证会。在日常政治实践中,政府对于组织上涨水价的听证会比较谨慎,需要评估听证会可能引发的社会影响和舆情。当综合考虑水价上涨可能会造成的影响后,政府一般不会再组织听证会。客观上,输水、供水等成本不断上涨,上调水价势在必行。要想破除地方政府在调整水价方面的顾虑,一个可行的方法就是推进南水北调中线工程的市场化改革。目前,中国南水北调集团有限公司已经组建起来。该公司以市场主体的身份进行水价调节,就比行政机构有更大的便利性。其三,市场化运作能充分保障地方的权益。在南水北调中线工程建设资金结构中,中央投资占 30%,南水北调建设基金占 25%,项目法人银团贷款占 45%。南水北调基金由中线工程沿线相关地方政府负责具体筹集,待工程建成投入运行后转化为地方政府在南水北调中线干线工程的股份。① 以河南省为例,河南省为建设干线配套设施投入 150 亿元,干渠投入 20 亿元。这些为工程建设进行的前期投资,应有恰当的形式予以投资回报。南水北调集团有限公司成立后,中线工程沿线省市作为投资人应该成为该集团的股东,并行使股东权利和获得相应利益。目前,从中国南水北调集团有限公司官方网站无法获悉其股东构成情况。在南水北调中线工程经过的省市,也并未成立分公司。中国南水北调集团有限公司可以借鉴南水北调东线公司的股东名额分配方式,分为基本名额和出资比例名额。② 通过等额分配基本名额,确保南水北调中线工程涉及的省市均能参与到集团公司的业务中。通过按出资比例分配名额,能够更好地体现地方积极性。

2. 南水北调中线水源有限责任公司

南水北调中线水源有限公司的运行管理,有两个标志性的时间节点。这两个时间节点,以南水北调中线工程通水为界。早在 2004 年 8 月,按照国务院原南水北调工程建设委员会的批复,南水北调中线水源有限责任公司(以下简称水源公司)挂牌成立。在水源公司成立初期,南水北调中线工程尚处于工程

---

① 郭晖,孙婧. 南水北调中线工程建设管理的若干思考 [J]. 人民黄河,2015 (1):122.

② 关于南水北调东线有限责任公司的董事会构成,有学者主张将股东名额分为两部分,一部分为基本名额,相关省市名额数量相等;另一部分,根据出资比例确定名额。参见胡文国,吴栋. 南水北调工程运营机制和管理体制研究 [J]. 经济体制改革,2007 (4):14.

建设阶段。在工程建设阶段，水源公司的主要任务是负责丹江口水库大坝加高以及丹江口库区的征地拆迁和移民工作。作为南水北调中线工程成立最早的公司，水源公司以汉江水利水电集团有限责任公司为基础，采用"政府宏观调控、准市场机制运作、现代企业管理"的方式进行运行管理。在水源公司运营十年之后，南水北调中线工程正式通水，水源公司的使命也随着发生变化。自2014年12月之后，水源地工程的安全、平稳、高效运行成为水源公司的工作重心。

水源公司是负责水源地建设和管理的公司制项目法人，全面履行水源地的管理职能。水源公司的首要职责是确保丹江口库区安全和南水北调中线渠首安全。在此前提下，水源公司要通过科学、规范的运营，为一渠清水北送打下坚实基础，确保水质和水量的供给安全。与此同时，水源公司还必须做好防汛调度和风险应对。对于汉江流域而言，丹江口水库是极为重要的防洪工程。据相关数据显示，丹江口水库2021年共防御了6次1.5万米^3/秒以上流量的洪水。由此可见，水源公司对于丹江口水库的调度运营管理意义重大，既涉及南水北调中线工程"水龙头"的安全，也关乎生态调节、供水、防汛等综合效益的实现。

3. 中国南水北调集团中线有限公司

中国南水北调集团中线有限公司的成立，是一件标志性事件。它预示着南水北调中线工程全面实现公司化经营管理。

从南水北调中线工程建设管理局到中国南水北调集团中线有限公司，走过了近20年的发展历程。按照2003年国务院原南水北调工程建设委员会的文件规定，2004年国务院原南水北调工程建设委员会批准成立了南水北调中线干线工程建设管理局（简称中线建管局）。在中线建管局组建初期，它主要肩负着为南水北调中线工程筹集资金、协调征地和工程建设的任务。也正是在2003年，根据《南水北调工程项目法人组建方案》的设计，南水北调中线工程建设管理局扮演了一个过渡性机构的角色。在南水北调中线主体工程建设期间，由中线干线管理局作为项目建设法人，负责中线干渠主体工程的建设工作。但是，这只是过渡性安排。按照设想，经过一段时间运营后，中线建管局要进一步改组成为中国南水北调集团中线有限公司。从这种设计来看，中央以更大的决心致力于建设现代企业制度。

相比较于其他的南水北调工程项目法人而言，中国南水北调集团中线有限公司的组建过程比较漫长，这是由工程自身情况所决定的。在《南水北调工程项目法人组建方案》设计的 4 个项目法人中，中国南水北调中线干线项目法人涉及的省市数量最多。南水北调中线干线纵贯河南省、河北省、北京市、天津市四省（直辖市），涉及的单项工程数量庞大，工程实施中需要进行组织协调的任务繁重，尚不具备组建项目法人的条件。考虑到中线工程建设的实际情况，中国南水北调集团中线有限公司采取分阶段的组建方案。第一步，组建中线干线工程建设管理局，履行工程建设期间的项目法人职责。第二步，以中线干线工程建设管理局为基础，由中央与有关省市出资人代表按照各方的出资比例共同组建由中央控股的中国南水北调集团中线有限公司，作为中线干线工程的项目法人，负责中线干线工程建设及运行管理。公司组建后，根据需要，可设河南分公司、河北分公司、北京分公司、天津及直属工程等分公司，受总公司的委托具体负责各段干线工程的建设和运营。在经过近二十年的艰苦探索后，中国南水北调集团中线有限公司成立，标志着中线工程全面实现公司化运行。

第二节　南水北调与河南省生态化行政 管理机制的制约因素

南水北调中线工程的实施和运行，推动了河南省生态化行政管理机制的创新实践。对南水北调中线工程的高标准安全运行来说，河南省的行政管理体制机制仍需要破解一系列制约难题。制约因素是多方面的，其中最为重要的是法律体系建设薄弱、安全运营能力有待提升和应急管理能力亟待强化三个方面。

一、法律体系建设薄弱

南水北调中线工程的运营管理必须在法治化框架中进行。在南水北调中线工程运行过程中，水源地与受水区需要处理一系列重大利益关系，迫切需要将这些长期性的复杂利益关系进行制度化安排。

（一）南水北调中线工程相关立法位阶较低

目前，与南水北调工程直接相关的立法主要是行政法规和地方性立法。在法律层面，《中华人民共和国水法》《中华人民共和国水污染防治法》《中华人民共和国环境法》等为水资源保护设定了一般性的法律框架，但它们不是针对南水北调工程的专门性立法。2011 年 11 月 8 日，最高人民检察院和国务院南水北调工程建设委员会办公室联合发布《最高人民检察院、国务院南水北调工程建设委员会办公室关于在南水北调工程建设中共同做好专项惩治和预防职务犯罪工作的通知》，旨在专项惩治和预防南水北调工程建设领域的职务犯罪工作。在行政法规层面，2014 年 2 月，《南水北调工程供水管理条例》正式实施，标志着首部南水北调工程立法的诞生。对于南水北调工程设施的保护和管理，《南水北调工程供用水管理条例》第 36 至第 47 条、第 52、53 条仅作出了较为原则性的规定。

在地方性立法层面，围绕东线工程出台了《山东省南水北调工程沿线区域水污染防治条例》①《山东省南水北调条例》等地方性法规。② 围绕南水北调中线工程，豫、鄂、陕三省纷纷出台了地方性法规。2006 年 3 月 1 日，《陕西省汉江丹江流域水污染防治条例》生效实施。③ 2017 年 1 月 1 日，《湖北省南水北调工程保护办法》生效实施，这是湖北省首部专门性的政府规章。《湖北省汉江流域水环境保护条例》自 2020 年 12 月 1 日起施行。河南省注重对配套工程的保护管理，出台了《河南省南水北调配套工程供用水和设施保护管理办法》，该政府规章自 2016 年 12 月 1 日正式实施。为加强水源地保护，河南省出台了《河南省南水北调饮用水水源保护条例》，该地方性法规于 2022 年 3 月 1 日起施行。由此可见，目前南水北调工程相关立法方面，只有一部行政法规——《南水北调工程供水管理条例》。《南水北调工程供水管理条例》的法律位阶较低，且其调整的主要是工程供水方面，难以为地方性立法提供一个综合性的上位法指南。

（二）南水北调中线工程相关立法尚需提质增效

注重发挥立法的引领作用，是中国特色社会主义法治体系建设的重要特征。抓住提高立法质量这个关键，从科学性、合理性和可操作性方面入手，进一步推进南水北调中线工程立法提质增效，对于实现南水北调中线工程平稳、安全运行意义重大。

在法律和行政法规层面，涉水立法存在交叉、冲突现象，制约了相关法规

---

① 2006 年 3 月，山东省发布实施全国第一个流域性污染物综合排放标准，即《山东省南水北调工程沿线水污染物综合排放标准》。《山东省南水北调工程沿线区域水污染防治条例》于 2006 年 11 月 30 日通过，后经 2018 年 1 月 23 日修改。山东省在南水北调水污染防治方面走在前列，是"先治污后通水"原则倒逼的结果。在 2002 年以后，山东省南四湖湖区水质全面呈劣 V 类，甚至劣 V 类以上。

② 2015 年 5 月，山东省人大常委会颁布《山东省南水北调条例》，强化政府责任主体，明确了水污染防治与水质保护的工作责任。

③ 《陕西省汉江丹江流域水污染防治条例》于 2020 年 6 月 11 日经过修改。

的实施效果。例如，《中华人民共和国水法》和《中华人民共和国环境保护法》分别确立了由水行政部门和环境保护部门进行统一监督管理。这两部法律人为地割裂了水资源、水生态和水环境的自然统一，导致生态环保部门与水利部门在执行方面的职权交叉，削弱了合力治污的力度。[①] 正是受《中华人民共和国水法》和《中华人民共和国环境保护法》的影响，南水北调中线工程相关立法也存在立法交叉。涉及水资源方面，由水行政部门负责调水、节水、供水等工作。涉及水生态和水环境方面，由生态环境保护部门负责水土保持、水源涵养、水体污染防治等工作。以丹江口库区为例，在实际运行中，主体繁多、体制杂糅导致了库区"管水源的不管供水、管供水的不管排水、管排水的不管治污"的局面，使水资源的利用和保护面临难题。这种局面的出现，其背后的原因就在于不同上位法之间立法的交叉。

在地方立法层面，南水北调水源地和受水区地方性法规有待细化。例如，2020 年 6 月出台的《南阳市生态文明建设促进条例》第 16 条规定，市、县（市、区）人民政府应当加强对南水北调中线工程渠首水源地绿色生态屏障和南水北调中线干渠（南阳段）生态走廊的保护，强化生态功能，划定水源保护区，控制开发建设，确保水质安全。至于如何保护水源地生态屏障和干渠（南阳）生态走廊，则需要进一步细化规定。例如，《河南省南水北调饮用水水源保护条例》第 48 条第二款规定，省人民政府应当建立健全生态保护补偿机制，设立南水北调饮用水水源保护发展基金。然而，对于如何进行生态补偿的标准、基金资金的来源等，均有待进一步细化规定。

（三）南水北调中线工程相关立法缺乏体系

从总体上看，南水北调中线工程立法缺乏必要的立法协调。南水北调中线工程涉及的范围广泛，干渠跨越河南省、河北省、北京市、天津市四省（直辖市），水源地丹江口水库分属豫、鄂、陕三省。因此，在推进南水北调中线工程立法时，应特别注重立法的协同性和体系性。

一方面，水源地相关省市亟待加强立法协同。库区水源地跨市越省，涉及豫陕鄂三省，以及南阳市、十堰市、安康市、商洛市和汉中市四市。水质保护涉及跨领域多部门。目前，跨省层面的协调力度不够，水污染还未得到根本治理，库区经济效益还有待提高。2022 年出台的《河南省南水北调饮用水水源

---

① 黄文清，谷树忠. 南水北调中线水源地保护法制保障能力分析 [J]. 人民长江，2017（23）：19.

保护条例》57 条第三款规定，丹江口库区综合执法机构应当加强与长江流域管理机构及生态环境监管机构、周边省份执法机构的协作配合，共同推进南水北调饮用水水源保护工作。这表明，进行水源地综合执法的省际协同十分必要。然而，在立法阶段进行协同立法更为关键。河南省相关部门在出台水源地保护条例时，应事先与湖北省相关部门和陕西省相关部门进行沟通协商，以确保各地立法的协同性。根据《河南省南水北调饮用水水源保护条例》，在丹江口水库河南省辖区将禁止围网和网箱养殖的范围由《中华人民共和国水污染防治法》规定的饮用水水源一级保护区扩大到准保护区。河南省出台比上位法更为严格的水源保护条例，为提升水源地生态管理执法提供了依据。需要注意的是，在湖北省、陕西省两省尚未出台同等保护力度的地方立法时，河南省先行进行高标准水源保护的效果会受到影响。

另一方面，水源地和受水区相关省市亟待加强立法协同。在生态补偿方面，水源地与受水区尚未达成一致的补偿标准。例如，《河南省南水北调饮用水水源保护条例》规定，由省政府设立南水北调饮用水水源保护发展基金，用于对水源地进行生态补偿。该条例只是规定了河南省设立水源保护发展基金，并没有与陕西省、湖北省进行立法协调，也没有与其他受水区省市进行协调。这样就会导致不同省之间的生态补偿标准不一致的情况。

二、安全运行管理能力有待提升

着眼于经济社会的高质量发展，南水北调中线工程在工程安全、供水安全和水质安全方面，还需要解决一系列问题。

（一）南水北调中线工程水质保障能力有待提升

根据《中华人民共和国水法》《中华人民共和国水污染防治法》和国务院的相关规定，我国对饮用水水源地实行行政区域管理为主、水资源保护与水污染防治分部门负责的管理模式。这种管理模式是典型的"条块结合"模式。这种水资源保护与水污染防治分部门负责的管理模式，不利于统一管理。

此外，国务院环保和水利部等相关部门和地方部门没有建立一套整体统一的管理机制，对于开展环境信息共享、联合执法检查、跨区域水污染事件会商应急处理、跨区域生态补偿等相关保护工作是极其不利的。

（二）南水北调中线工程供水保障能力与高质量发展的目标还不相称

南水北调中线工程综合效益显著，"但目前的供水保障能力与事实上成为主力水源的地位还不相适应，与'生命线'的定位还不相适应，与'高质量发展'的目标还不相适应，还有许多问题亟待解决"。[①] 在信息系统建设方面，南水北调中线干线工程管理局和沿线省市采取了分别建设的方式。分别建设信息系统不利于信息的及时共享，"南水北调中线仍存在供水、用水水质管理信息分散、缺少水质信息共享与反馈机制等问题，全线信息共享体系仍未建立，供水风险控制仍显薄弱"。[②] 实地调研表明，供水—用水—退水等相关方，在保障受水厂安全生产、推动行业信息整合、水质预警、应急决策等方面，对开展供水信息共享的需求强烈。在现有的供水信息管理系统基础上，充分运用信息化、智慧化手段，实现供水信息的互联互通，对于提升供水信息的集成性、系统性具有积极意义。

三、应急管理能力亟待强化

南水北调中线工程的行稳致远，内在地要求加强工程的应急能力建设。对于南水北调中线工程来说，既要做好防范自然风险的准备，也要积极预防人为因素所导致的紧急情况。相比较于南水北调中线工程所面临的风险来说，南水北调中线工程的应急管理能力亟待提高。

（一）南水北调中线工程应急管理任务繁重

南水北调中线工程的应急管理，可以分为丹江口水库及上游、输水干渠两个部分。这两个部分所面临的应急管理任务，既有一致的地方，也存在明显区别。对于丹江口水库及上游来说，应提高应对生态环境风险的能力；对于南水北调干渠来说，应提高应对人为风险的能力。

对于丹江口库区及上游的风险管理工作，国务院出台的多个专项规划均有部署。早在 2006 年，国务院批复了《丹江口库区及上游水污染防治和水土保持规划》。该规划对水污染防治和水土保持工作进行了部署，决定将规划所列近期项目纳入南水北调中线一期工程总体方案。按照这一安排，丹江口库区及上游的水污染防治和水土保持工作与南水北调中线一期工程同步实施。与此同时，该规划所列的远期项目应被纳入地方国民经济和社会发展规划。[③] 按照这一安排，河南省、湖北省、陕西省三省是远期项目的实施主体。《丹江口库区及上游水污染防治和水土保持"十三五"规划》和《丹江口库区及上游水污染

① 于合群. 推进南水北调中线事业高质量发展 [J]. 中国水利, 2021 (11): 7.
② 牛建森, 黄悦. 南水北调中线供水信息共享初步研究 [J]. 供水技术, 2020 (5): 25.
③ 2006 年的《丹江口库区及上游水污染防治和水土保持规划》内容，纳入河南、湖北、陕西三省的"十一五"国民经济和社会发展规划。

防治和水土保持"十四五"规划》分别设置了"风险管控""严防严控生态环境风险"专章。按照这些规划的部署，提升丹江口库区及上游抵御风险的能力，主要集中在水源地规范化建设、监测应急能力建设和尾矿库综合治理三个方面。《丹江口库区及上游水污染防治和水土保持"十四五"规划》指出，农业面源污染尚未得到有效治理，城乡截污治污仍有短板弱项，环境风险隐患仍然存在。尽管丹江口库区及其上游的环境风险已基本得到控制，但是有毒有害物质和新型污染物监测能力不足、部分入库支流季节性水华、316 国道路段危险化学品运输量大、尾矿库居高不下等情况依然存在。2018 年 1 月，河南省西峡县境内的淇河发生严重水污染事件。在该起事故中，山西运城一化工企业在夜里零时将 30 余吨危险废料倾倒在淇河，致使 8 千米河道被严重污染。相关部门在接到群众举报后处置得当，成功将污染控制在淇河西峡县段，避免了不利后果的蔓延。与此同时，该事件也暴露出一些值得反思和改进的问题。例如，对于南水北调水源区的倾倒危险物质行为，未能实现动态化、自动监测预警。这意味着在 2025 年前，丹江口库区及上游所面临的环境风险依然严峻，提升应急能力建设仍不容松懈。

南水北调中线干线工程是一项巨大的、复杂的长距离引水工程，调水跨度大，其主要跨越长江、淮河、黄河、海河四大流域；途经省市多，通水后惠及河南省、河北省、北京市、天津市四个省（直辖市），地质条件复杂多样。由于运行路线复杂，运行环境多变，涉及水工建筑种类多且施工难度大，技术难题多，中线工程运行突发事件诱因众多，风险源较多。对于南水北调中线工程安全运行来说，防洪度汛一直是它面临的最大考验。南水北调中线工程水系十分发达，整体有超过 600 条河流交叉，并且这些河流缺乏水文资料支持，使得防洪预警机制不能很好地建立起来。① 除了防汛以外，冰期输水是南水北调面临的一大考验。每年的 12 月 1 日到翌年 2 月底为冰期输水阶段，在冰期输水阶段，若遇上突发极端天气，将会导致水流流速降低、干渠调度闸门结冰等，从而严重危及干渠的安全。此外，2022 年冰期输水恰好遇上北京冬奥会的举办。像冬奥会等重大国际性赛事，对冰期输水提出了更高要求。为确保重大社会活动的顺利开展，中国南水北调集团中线有限公司做好应急调水预案，保障了冬奥会的顺利进行。对于干渠而言，除了突发自然灾害引起的风险外，还有来自人类活动导致的突发紧急情况。干渠附近的国道和省道众多，采用公路运

输的危险化学品运输车辆一旦发生侧翻倾覆，就会直接危及干渠的水质。针对危险化学品运输可能引发的突发风险，需要在干渠附近做好污染拦截工程建设。

综上所述，南水北调中线工程同时面临生态环境风险和人为活动风险。无论是生态环境风险，还是人为活动风险，都有一定程度上的不可预测性。南水北调中线工程应急管理的内容十分广泛，涵盖制订应急预案、启动应急响应、调配应急救援队伍、实施应急救援等。

（二）南水北调中线工程的应急管理法制不健全

在应对"非典""汶川地震"等一系列突发性事件的过程中，我国的应急管理法制化建设取得了重要进展。特别是《中华人民共和国突发事件应对法》的出台，奠定了我国应急法制的坚实基石。然而，专门针对南水北调中线工程应急管理的法律、法规尚有待完善。

由于不存在南水北调应急管理处置的专门性法律法规，相关应急管理的规定分散在其他法律、法规之中。当前水治理立法多以地方法律法规为主，在处理涉及全流域方面问题的法律保障不足。流域管理立法滞后，无法支撑流域综合管理；流域管理机构在进行行政执法时，处理地方的违法行为缺乏法律体系保障，执法能力和手段不足，尤其是调处省际水事纠纷能力弱。

四、跨区域多部门协作机制有待完善

对于南水北调中线工程的跨区域协调来说，国家和地方主要采取的是联席会议制度。目前，联席会议制度可分为国家和流域两个层级。

在国家层面，国务院创建了"丹江口库区及上游水污染防治和水土保持部际联席会议"制度。早在 2006 年，根据《国务院关于丹江口库区及上游水污染防治和水土保持规划的批复》（国函〔2006〕10 号），由国家发展和改革委员会牵头，河南省、陕西省和湖北省作为《关于丹江口库区及上游水污染防治和水土保持规划》（以下简称《规划》）的实施责任主体，组建了部级联席会议，并在北京召开了第一次全体会议。在流域层面，长江水利委员会确立了"南水北调中线工程水源区水资源保护和水污染防治联席会议"和"丹江口水库水行政执法联席会议"制度等。从联席会议的构成主体来看，长江水利委员会是发起主体，河南、陕西、湖北 3 省水利厅以及汉中、安康、商洛、十堰、南阳 5 市人民政府是参与执行主体。这种联席会议格局简称为"1＋3＋5"联席会议。通过搭建跨区域多部门参与的联席会议制度，为丹江口库区水污染防治、水行政执法提供协调议事平台，促进相关区域水行政部门的信息互通和执法联动。

目前，丹江口库区及其上游的跨区域多部门协作机制比较成熟。然而，南水北调中线干渠沿线的受水区与调水区之间的供水、调水协调机制还需进一步完善。南水北调中线全线供水信息共享体系尚未建立起来，导致对供水风险的控制能力尚显不足。通过对受水区相关用水单位的走访来看，受水区存在进行供水信息共享的强烈愿望。用水户期待能与中国南水北调集团中线有限公司、地方供水公司等共同分享水质监测信息。只有从源头到用水户全线建立起水质共享机制，才能更好地保障供水安全，形成应对突发事件的全线联动反应机制。调水信息和水质监测信息共享的需要，迫切要求加快推进"智慧中线"建设。中国南水北调集团中线有限公司应进一步加快大数据和人工智能建设，通过智能化信息技术手段，更为高效率、低成本地打破信息壁垒，全面提升跨区域供水安全应急保障能力。

第三节　南水北调与河南省生态化行政管理机制的完善路径

面对南水北调中线工程的高水平安全运行目标，南水北调中线工程的行政管理机制亟待优化。在法治社会中，行政管理机制的优化，首先应进行法律层面的制度设计。科学完备的法律体系是行政管理实现法治化的根本前提。在具备了行政管理制度体系后，既要强化水质保护、供水保障等工程安全能力建设，更要注重加强应急法治和统筹推进后续工程建设，切实提高南水北调中线工程的应急能力和应急体系建设水平。

一、健全完善相关法律法规

尽管南水北调中线工程的法制建设已经取得了重要进步，但是该工程跨越多省市、涉及多部门，实现该工程的依法治理任重道远。就健全和完善南水北调中线工程的相关法律、法规而言，应充分吸收、借鉴世界范围内的跨流域调水立法经验，采取"先分后总"的阶段性立法思路，最终形成一套科学、管用、高效的中国特色跨流域调水法律体系。

（一）注重借鉴国际跨流域调水立法经验

注重运行管理的规范化和法制化建设，这是世界范围内大规模跨流域调水工程的一致性经验。无论是美国，还是澳大利亚和欧洲的一些国家，这些国家都注重跨流域调水工程的规范化和法制化建设。

在跨流域调水立法方面，国外的立法经验主要体现在制度建设和权益保护两个方面。美国和澳大利亚在跨流域调水立法方面成果丰硕，可以为我国南水北调工程立法提供借鉴。其一，美国和澳大利亚出台了一系列跨流域调水法规。在州层面，加利福尼亚州出台了《加利福尼亚州水法令》和《加利福尼亚州调水项目法令》等。在国家层面，美国曾专门为中央河谷工程制定《中央河谷法案》《中央河谷工程改良方案》等多种法案，澳大利亚也针对雪山工程出台多部法律。其二，美国注重水权制度建设。由于美国实行的是私有财产制度，其水权也是建立在私有制的基础上。鉴于特定的制度背景，美国的水资源市场化运作高度成熟和发达。

综上所述，注重跨流域调水的规范化和法制化建设，是各国管理跨流域调水的共同经验。借鉴国外大范围流域性调水立法经验，结合南水北调中线工程的具体情况，重点围绕工程安全、供水安全和水质安全进行系统性立法设计十分必要。

（二）采取"先分后总"的阶段性立法思路

由于南水北调中线工程涉及的范围和事项非常复杂，直接制定普遍适用的高位阶立法比较困难。因此，可以考虑采取"先分后总"的阶段性分别立法思路。由相关水行政主管部门以及水源地和受水区省市，先行制订部门规章和地方性立法。在经验成熟之后，进一步总结、升华。目前，尚不存在专门的水资源调度法，但水利部于2021年10月出台了《水资源调度管理办法》。从法律效力的角度来看，《水资源调度管理办法》属于部门规章。作为行政主管部门，水利部先行对调水进行制度化规范，有助于积累调水经验，为进一步依法规范调水行为，实现精准调水、有序调水，提升水资源的集约节约水准打下了坚实的基础。待时机成熟时，再从国家层面出台《水资源调度法》。

综上所述，为确保南水北调中线工程的高水平安全运行，应针对南水北调中线工程面对的具体情况，努力建立起一套科学、管用、高效的法规体系。

二、强化安全运行管理能力

进一步提升南水北调中线工程的高水平安全管理能力，是确保工程运营行稳致远的强基固本之举，是切实维护工程沿线群众重大生命财产安全的重大战略性举措。着眼于南水北调中线工程的实际情况，可以从中央层面和地方层面两个维度入手，建立起一套"中央统一部署、地方政府具体落实"的高效安全运行管理体制。

（一）中央牵头设计和搭建信息共享平台

对于提升南水北调中线工程的运行管理能力来说，首要的任务是搭建一个高效集成的信息共享平台。

目前，南水北调中线干线工程建设管理局已经采取视频监控技术手段，建立起对干渠进行全天候、全覆盖的监测系统。这为确保南水北调中线工程安全奠定了坚实的基础。在此基础上，应进一步改进监测技术手段，进一步提高监测数据的精准性，提升南水北调中线工程运行管理的数字化、智能化水平。"健全完善信息化监测检测和预警系统，动态、灵敏捕获可能存在的安全隐患。"[①] 以南水北调中线工程信息平台为基础，进一步推进数据在相关职能部门之间的共享和使用，搭建运行情势分析、研判的议事协调机制，提升风险的预警和防范能力。确保在南水北调中线工程沿线出现局部性紧急情况时，从中央到地方能够第一时间获知实况信息，并采取精准、高效的应急措施。还要注意加强紧急情况的发布机制建设，确保在紧急情况出现后，社会公众能够及时获知权威、真实的信息，避免引发社会的恐慌和负面舆情。

（二）进一步健全南水北调中线工程高质量发展的功能系统

从系统论的角度分析，优化系统各组成部分功能，对于提升系统的整体功能至关重要。南水北调中线工程的高质量发展，离不开水源工程、干渠工程、调蓄工程的系统性支撑。

在水源工程方面，"开源和节流"并重。南水北调中线工程水源地的供给能力是有限的，实施最严格的节水管理、尽最大可能避免水资源浪费始终是重中之重。在这个前提下，也应注意到供需矛盾日益紧张的客观现实。特别是南水北调中线工程的实施，造成了汉江水位的持续偏低，对于汉江中下游水资源利用造成了不利影响。为进一步提升南水北调中线工程的供水能力，根据《南水北调工程总体规划》实施"引江补汉"工程，作为南水北调中线二期的后续水源。"引江补汉"工程的成功实施意义重大，使得三峡水库和丹江口水库实现跨越时空的"牵手"，极大地提升了南水北调一期供水安全

---

① 李鹏程. 吃透宝贵经验　把准发展大势　高质量做好工程建设运行管理工作 [J]. 中国水利，2021（11）：3.

的水平。

在干渠工程方面，统筹推进"供水—调蓄—受水"的一体化管理。在系统的谋划中，加大南水北调中线河南段调蓄工程和配套工程的建设力度，"实现以总干渠为纽带，将调蓄工程和配套工程有机连接起来的多水源联合调度供水体系，保障供水安全"。[①] 在调蓄工程上，着眼提高工程"弹性"，通过完善工程调蓄系统和功能，让工程能够"缓缓气""歇歇脚"。[②] 在运行调度不够完善的情况下，未能充分消化的丹江水被用于进行生态补水，是一种严重的资源浪费。

三、提升应急管理能力

南水北调中线工程是一条输水线，更是一条生命线。针对作为生命线的南水北调工程，不仅要确保工程的日常运行安全，更要确保具有工程防范、抵御突发情况的能力。面对自然灾害或人为灾祸，南水北调工程必须提升自身的应急能力建设。

（一）加快推进应急法治建设

南水北调中线工程经过的相关省市应当依据《中华人民共和国安全生产法》《中华人民共和国突发事件应对法》的规定，根据本地区实际，研究制定相关配套制度。例如突发事件分级制度，应急预案调研与制定修订程序制度，危险源及危险区域的调查、登记、风险评估和监控制度，突发事件应急管理培训制度，突发事件综合性救助、专业性救助与单位专职救助的组织制度，志愿者组织与机构设置制度，应急物资储备及保障制度，突发事件信息报告员制度，突发事件监测、预警制度，社会动员制度，财产征用制度，突发事件信息发布制度，灾害救助制度等，从而真正履行《中华人民共和国突发事件应对法》授予地方政府的法定职责。另外，增强应急预案的合法性、综合性、前瞻性和可操作性。各级各类应急预案应当与《中华人民共和国突发事件应对法》等相关法律保持一致，需要对发布于《中华人民共和国突发事件应对法》出台之前的应急预案进行清理和修订，对下级的有关应急预案，根据上级相应应急预案的修改和补充及时作出相应的修改和补充，以保障其合法性与协调性。目

---

① 侯红昌. 提升南水北调中线河南段综合效益的思考 [J]. 河南水利与南水北调, 2020 (12)：9.

② 李鹏程. 吃透宝贵经验 把准发展大势 高质量做好工程建设运行管理工作 [J]. 中国水利, 2021 (11)：3.

前的应急预案，大多为应对单一突发事件的预案，而综合性、前瞻性的预案少，如《中华人民共和国突发事件应对法》所规定的比例原则在各级各类应急预案中体现得不明确、不充分。

（二）加强应急及监测能力建设

《丹江口库区及上游水污染防治和水土保持"十四五"规划》要求，"对风险防范类优先控制单元，重点加强尾矿库、危险化学品储运等风险源管控，加强监测及应急处置能力建设"。在库区和上游生态环境风险应对能力建设方面，最基础的工作是建立起水源环境档案制度。对于集中式饮用水水源地、尾矿库，按照"一源一策""一库一档"的原则，有针对性地建立环境档案和设计应急预案。在丹江口库区周围建设应急仓库，储备应急救援物资。对于移动性污染源，应区分对待。对来自水上运输和船舶清洗的油污，需要加强风险排查和强化码头准入管理。对公路危险化学品运输活动，需要加强相关车辆的动态化监测，以及加强消防抢险、污染拦截设施建设。2016 年 6 月，由国务院南水北调办公室统一安排，南水北调中线建管局开展了首次水污染应急演练。通过仿真模拟演练，理顺了紧急处置流程，筛查了应急处置的缺漏短板，切实增强了应急处置能力。

对于南水北调中线总干渠而言，应构建全程、多时段应急调控体系。南水北调中线干渠跨越多个区域，各区域之间的气候、水文、社会经济状况差异较大。在不同的季节，南水北调中线工程的突发风险源存在较大差异。春季是藻类快速生长的季节，是最容易引发水华的时间段，该时期应以水质应急处置为重心。2021 年 4 月，生态环境部长江流域生态环境监督管理局成功研发了浮游藻类 AI 识别系统。通过对南水北调库区和干渠浮游藻类的识别，藻类 AI 识别系统能够对水中的浮游藻类种类、密度进行实时监测，从而破解水生态自动监测的"卡脖子"难题，为减低和防范季节性水华奠定坚实的基础。夏秋季节是中部和华北地区降水最为集中的时段，该时期应以防洪度汛为应急管控的重点。到了冬季，干渠沿线普遍进入结冰期，冰期输水是冬季应急建设的重点。按照不同时间段中线干渠所面临风险的差别，编制分门别类的应急预案，配置不同的技术设施，建立起全程、多时段的应急调控系统，是确保南水北调中线干渠高水平安全运行的关键。

综上所述，南水北调中线工程应全面加强应急及监测能力建设，确保工程安全平稳运行。南水北调中线工程应急能力建设，既要充分依靠先进的科学技术，又要注重应急管理能力建设。只有通过综合运用技术手段和强化应急管理，南水北调中线工程才能更好地应对生态环境风险和人类活动引发的风险灾害。

（三）统筹推进后续工程建设

"十四五"期间构建国家水网的首要任务是推进南水北调后续工程建设。2021年5月，习近平总书记在河南省南阳市主持召开南水北调后续工程高质量发展座谈会并发表重要讲话。这次重要会议，为南水北调中线后续工程建设提供了方向指引和行动指南。

尽管通过科学研判供需关系能够提升供水调度的精准性，但是对于实现高水平供水安全的目标来说还远远不够。目前的供水总量及指标分配，主要是立足于正常年份的经济社会和气象水文条件，未能体现对重大社会活动、突发性洪涝、干旱等极端性情况的考虑。[①] 为进一步提升南水北调中线工程应急调水、应急泄洪能力，需要加快推进调蓄工程建设。在南水北调中线工程河南段，兴建南水北调中线鹤壁鱼泉调蓄工程等十分迫切。这些调蓄工程可以为南水北调中线工程的停水检修、应急供水提供水源保障，成为工程应对突发紧急情况的制动装置。

进一步完善调蓄水库建设，不仅有助于防范洪水，确保主体工程的安全，还有助于推进洪水资源化利用，"加大向沿线生态补水，特别是加强华北地下水超采区回补工作，进一步发挥中线生态效益"。[②] 通过提升洪水的资源化利用率，能够扩大受水区生态补偿用水的供给。在配套工程方面，受水区地市应做好安全保障的配套工程建设。例如，为确保水质安全，在干渠分水口与受水区水厂之间建立起安全防线，以便进行检测和处理突发性紧急情况。

综上所述，国家统筹推进南水北调中线后续工程意义重大。后续工程的开工建设，使得南水北调中线工程的功能系统更为完善。在应对突发性水污染、洪涝灾害等紧急状况时，调蓄工程为南水北调中线干渠提供了制动阀、隔离带。

---

① 2008年9月至2009年7月，按照国务院批准的《北京2008年奥运会应急调水实施方案》，首次从河北省岗南等3座水库调水入京3.3亿米³，有力保障了北京2008年奥运会后首都的供水安全。参见李建章. 围绕中心　突出重点　推进南水北调工作科学发展——访水利部南水北调规划设计管理局局长唐传利 [J]. 中国水利，2010（24）：38.

② 于合群. 推进南水北调中线事业高质量发展 [J]. 中国水利，2021（11）：7.

四、优化跨区域多部门协作机制

立足南水北调跨区域、跨部门的复杂现实情况，在顾全国家发展大局的前提下，应认真对待和协调调水区和受水区之间复杂的利益诉求，通过利益的黏性加强调水区和受水区之间的利益共同体建设。

（一）强化调水区与受水区之间的利益共同体

调水区与受水区利益共同体的建构关键，是要进一步理顺调水区的权益实现机制。应从国家立法的角度，明确调水区和受水区的利益关系，并进一步强化调水区与受水区之间的利益连接（图3-2）。一方面，国家对水源区应建立以保水质为主的考核机制，把生态环境建设和水质监测结果作为经费拨付的重要依据。通过建构紧密的区域间利益实现机制，强化水源区进行生态环境保护和水质监测的主体责任。另一方面，国家应对受水区建立以对口协作成效为主的考核机制，把受水区支持和援助调水区情况作为调剂供水指标的重要依据。以此，进一步强化受水区进行对口协作的积极性、主动性，确保对口援助工作取得实效。

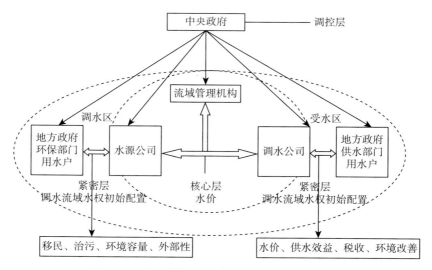

图3-2　跨区水资源调配中不同层次利益主体①

① 杨云彦. 南水北调工程与中部地区经济社会可持续发展研究［M］. 北京：经济科学出版社，2011：108.

2022年2月16日河南省人民政府发布的《河南省"十四五"深化区域合作融入对接国家重大战略规划》（以下简称《规划》）明确提出："打造以南阳副中心城市为龙头、以南水北调水源区市和干渠沿线市为主体、涵盖全省的国内跨区域合作样板和内循环示范。"按照这一重大战略安排，河南省将在"十四五"期间，以南水北调中线工程为纽带，深度融入京津冀协调发展战略，《规划》立足深化对口协作、科技创新成果转化、承接产业转移、教育医疗资源深度合作和文化旅游跨区域发展，对加强南水北调中线跨区域协调发展作了统筹安排。

（二）完善跨流域调水协调机制

在2018年，中共中央和国务院出台了《关于建立更加有效的区域协调发展新机制的意见》，明确提出："完善流域内相关省市政府协商合作机制"和"建立健全跨省城市政府间联席会议制度，完善省际会商机制"。这标志着在国家层面上，省际协商机制是处理区域协调的法定机制。

其一，围绕水价和水量等展开政府间协商。《南水北调工程供用水管理条例》第14条规定："南水北调工程受水区省、直辖市人民政府授权的部门或者单位应当与南水北调工程管理单位签订供水合同。供水合同应当包括年度供水量、供水水质、交水断面、交水方式、水价、水费缴纳时间和方式、违约责任等。"由此可见，用水户与南水北调管理单位签订民事合同，就供水的相关问题进行自主协商。在实践中，自2014年中线通水以来，南水北调的供水价格并未进行调整。[①]《南水北调工程供用水管理条例》第15条规定："水量调度年度内南水北调工程受水区省、直辖市用水需求出现重大变化，需要转让年度水量调度计划分配的水量的，由有关省、直辖市人民政府授权的部门或者单位协商签订转让协议，确定转让价格，并将转让协议报送国务院水行政主管部门，抄送南水北调工程管理单位；国务院水行政主管部门和南水北调工程管理单位应当相应调整年度水量调度计划和月水量调度方案。"既然供水是一种准市场化行为，那么用水户就有权利分配剩余的水量。

尽管进行水权交易具有法律依据，但是实践中进行水权交易仍存在不少制

[①] 2015年，国家发展和改革委员会下发《关于南水北调中线一期主体工程运行初期供水价格政策的通知》（发改价格〔2014〕2959号），要求中线工程通水三年后对价格进行调整。到了2019年，国家发展改革委《关于南水北调中线一期主体工程供水价格有关问题的通知》（发改价格〔2019〕634号）进一步明确，"中线工程供水价格按《通知》及有关规定执行，暂不校核调整。待中线工程决算后，再开展成本监审，并制定运行期水价"。

约性因素。通过对相关实务部门负责人进行调研座谈，可以发现经济成本和政治责任是两大制约因素。在两个城市之间进行水权交易，离不开配套工程的建设。以十年为期，合同期满后，配套工程将被闲置。对此，原河南省南水北调办公室负责人表示，应当由省政府统一进行富余用水指标调剂。尽管由省政府出面进行指标调配具有高效率的优势，但是会弱化对资源配置的作用和效益。为了更好地发挥市场在水资源配置中的基础性地位，进一步提高水资源的利用效益，可以考虑在省内设置几个调蓄水库，专门作为进行水权交易的永久性工程。这样就可以避免因为不同城市之间零星的水权交易，导致建立配套工程成本过高的问题。

当前我国水利管理体制改革的方向是向着流域与区域结合的模式发展，对南水北调中线水市场而言，水权交易可以是受水区省内用水户之间，也可以是跨省的用水户之间，或者是流域内用水户之间和流域间用水户之间的交易，可制定水权交易区划，对水权交易的区域和范围作出规定。

其二，围绕跨区域水体污染防治展开政府间协商。《中华人民共和国水污染防治法》第 28 条规定："跨行政区域的水污染纠纷，由有关地方人民政府协商解决，或者由其共同的上级人民政府协调解决。"该条规定确立了处理跨行政区划水体污染的基本处理方式，即政府协商解决。不同行政区域之间发生的水污染纠纷，具有显著的地区性和群体性，这类纠纷涉及地区之间的经济、社会利益，不是一般的民事纠纷，应当按照行政管理的组织原则进行处理，由有关地方人民政府协商解决。协商解决是指不同行政区域之间的有关地方人民政府在发生水污染纠纷后，双方在自愿的基础上，本着团结协作、互谅互让的精神，依照有关法律、行政法规的规定，直接进行磋商，自行解决水污染纠纷。如果双方达成一致意见，则协商成功。跨行政区域的水污染纠纷也可以由其共同的上级人民政府协调解决。协调解决是指由双方共同的上级人民政府主持，了解纠纷各方的立场，提出解决问题的办法。如处于同一省（自治区、直辖市）内的各市（区）、县之间的水污染纠纷，由该省（自治区、直辖市）人民政府协调解决；各省（自治区、直辖市）之间的水污染纠纷，由国务院协调解决。

（三）围绕生态补偿展开区域间政府协商

《中华人民共和国环境保护法》第 31 条规定："国家指导受益地区和生态保护地区人民政府通过协商或者按照市场规则进行生态保护补偿。"2016 年财政部、环境保护部（现生态环境部）等 4 部委发布指导意见明确提出："流域横向生态保护补偿主要由流域上下游地方政府自主协商确定。"2017 年中办国办印发《生态环境损害赔偿制度改革方案》，明确提出："跨省域的生态环境损害，由生态环境损害地的相关省级政府协商开展生态环境损害赔偿工作。"这些法律和部门规范性文件为建立生态补偿区域间协商提供了制度依据。

目前，具体到南水北调中线工程来说，应当"建立由中线水源区和受水区省（直辖市）人民政府共同参加的生态补偿联席协商制度，建立生态补偿协商机制。"① 通过建立生态补偿联系协商机制，为水源区和受水区搭建一个表达利益诉求的平台。特别是，在中央政府的统一安排一下，委托具有公信力的权威第三方对生态补偿的测算依据、补偿标准以及实施方式等进行科学评估。按照"谁受益，谁补偿"的基本原则，国家财政和受水区均应该对水源地做出相应补偿。立足于提高生态补偿的效益，除了依靠国家统筹、政府协商之外，还应通过市场化的方式实现生态补偿。借此，水源地和受水区关于生态补偿的落地实施难题将会得到一定程度的解决。

---

① 王振华，黄苗，吴敏. 南水北调中线水源地水质保护立法及建议 [J]. 长江科学院院报，2015 (6)：63.

第 四 章

南水北调生态补偿与河南省
社会高质量发展

　　在 2022 年的全国两会上，全国人大代表、南阳市委书记提出建议，希望加大对南水北调中线工程水源地的生态补偿。"一方面，南阳市为南水北调中线工程作出了特殊贡献，另一方面，其高质量跨越发展面临着特殊困难。"南阳市是南水北调中线工程的"大水缸""水龙头""长水管"，取水水源区——丹江口水库总面积的一半在南阳市境内，而且输水水源一级保护区的全部范围、二级保护区的大部分范围都在南阳市，调往北方的丹江水，95％以上取自南阳市，渠首在南阳市淅川县陶岔村。

　　南阳市委书记的建议指出，近年来，南阳市围绕服务保障中线工程，淹没静态损失超过 90 亿元，累计投入超过 90 亿元，还存在着需要兑付企业和群众补偿费用等 60 多亿元的资金缺口；今后在水质保护、生态建设、环境治理、移民稳定发展等方面，预计直接投入近 120 亿元；每年在各类运行费用、企业职工社保、巩固脱贫攻坚成果等方面，还需支出近 20 亿元。加之财政每年减收 20 多亿元，地方财政不堪重负。为保障南水北调中线工程建设和安全运行，南阳市经济损失之重、持续加强水质保护压力之大、移民后续帮扶任务之艰、发展受到的刚性制约之多，是丹江口水库汇水区其他地市所不可比拟的。这些年，党中央、国务院和国家有关部委对水源地南阳市给予了很大的支持，2015 年以来年均拨付 9 亿元左右生态转移支付资金，但面对水质保护这一长期战略性任务，地方财政仍捉襟见肘，迫切需要国家给予特别关怀帮扶。

　　其建议，考虑到南阳市的特殊贡献和面临的特殊困难，国家能够对关停搬迁企业和养殖户群众的损失一次性补偿到位，将水源地生态环保方面的重大项目纳入国家规划，尽快实施；更为重要的是，加快建立长期合理的生态补偿机制，用以平衡水源地南阳市因南水北调造成的巨额财政支出缺口。

其建议，一是由财政部、国税总局牵头，依据《中华人民共和国资源税法》精神，统筹协调北京市、天津市、河北省等沿线受水区，将沿线水资源税在南阳市集中缴纳，或以财政转移支付方式补偿给南阳市，以此解决水源地在水质保护、生态建设、移民帮扶等方面巨大的刚性支出缺口，建立稳定合理的补偿机制，帮助南阳市更好肩负起一渠清水永续北送的使命；二是由财政部、国家发改委依据《国务院办公厅关于健全生态保护补偿机制的意见》精神，通过提高均衡性转移支付系数、加大基础设施和基本公共服务设施建设的中央预算内投资倾斜力度等措施，进一步加强对水源地水质保护、产业转型、移民帮扶、生态建设等方面的政策和资金支持；三是在国家层面设立南水北调专项基金，用于水源地和汇水区生态建设及环境治理。

南阳市委书记提出的有关生态补偿的建议是在什么样的背景下提出的？生态补偿是什么？南水北调中线工程的生态补偿目前情况如何？又如何实现对河南省的高质量发展的互动与耦合？

第一节　构建跨区域生态补偿法律保障机制

南水北调中线工程水源区涉及湖北省、陕西省和河南省。南水北调中线工程渠首位于河南省淅川县陶岔村，水源区河南省域部分主要位于南阳市西南部，涉及淅川、西峡、内乡、邓州四县市约 6 000 千米^2，以及卢氏、栾川部分地区。加强水源地环境保护工作与生态工程建设，直接关系到中线工程调水成败的长远大计。内乡、淅川、西峡三县先后被确定为国家级"生态示范县"和"水土保持生态环境建设示范县"。但是，由于水源地面积大，地质条件复杂，生态脆弱，水土流失严重，面源污染突出，治理任务艰巨。

南水北调中线工程的源头是丹江口水库。丹江口水库控制的上游集水面积约 9.5×10^4 千米^2，库区面积 1 050 千米^2。库区地形复杂，峰峦起伏，沟壑纵横，属于北亚热带季风气候区，气候温和、降水适中。由于丹江水系属长江支流，多吸纳山地降水和地方雨水，库容量大，稀释自净能力强，故水质清洁，环境质量较好。多年来，水库水质除个别河段和个别地方地面水达Ⅱ类标准外，其他河段大部分项目均为地面水Ⅰ类标准，综合评价为Ⅱ类水。历史上，丹江流域曾被称为"茂林修竹之地，桐漆萸肉之乡"。但随着社会的不断发展，人类对生态环境的过度开发与掠夺,使得丹江口库区的生态环境逐渐恶化。往日的茂林修竹已不在,伴随而来的是动物的种类和数量越来越少,昔日的豹、狼、獐等珍奇异兽如今已经绝种或濒临绝种。灌河、淇河等一批曾经通航的重要河流,开始出现季节性断流,如流经西峡、年径流量 6 亿米³ 的灌河,民国时期曾通航汉口,但在 20 世纪 50 年代开始断流,90 年代以来开始出现季节性断流,并且多次引发山体滑坡,更为严重的是其水土流失及水污染状况日益加剧。

按照水电部 SD38-87《水土保持技术规范》的水土流失分级规定,在对坡面土壤侵蚀、库、塘、河道泥沙淤积抽样调查的基础上,结合统计资料测算,工程启动之初,南阳市汉水流域水土流失总面积 7 995.70 千米²,占土地面积的 33.65%。其中,轻度流失面积 3 137.61 千米²,占水土流失总面积的39.24%;中度流失面积 2 798.03 千米²,占水土流失总面积的 34.99%;强度流失面积 1 583.25 千米²,占水土流失总面积的 19.8%;极强度流失面积422.02 千米²,占水土流失总面积的 5.28%;剧烈流失面积 54.79 千米²,占水土流失总面积的 0.69%。丹江口水库入库干、支流汉江、堵河、天河、浪河、淄河、神定河、泗河、官山河、剑河、老灌河、白河等河流的沿岸城镇废水大都未经处理直接排入水库,库区已受到了汽车制造、机械加工、化工、建材、造纸、食品、采矿、制药等多行业的污染。据估计,库区城、乡和工业企业每年向丹江口水库所排污水量达 1 亿吨。加上不适当使用化肥、农药,使库区局部水体有富营养化的趋势。库区近年已检测出的微量有机物达 200 余种,且历年的库区底质检测还发现有含量极微的毒害物及重金属。由此可见,丹江口库区的生态环境退化的风险较大。

"水是生命之源、生产之要、生态之基",2011 年中央 1 号文件第一次将水利提升到关系经济安全、生态安全、国家安全的战略高度,提出水利具有很强的公益性、基础性、战略性意义。中国人均水资源仅占世界平均水平的1/4,且地区分布极不均匀,水资源短缺是我国水利行业的核心问题,也是关系我国社会经济全面协调可持续发展的重大战略问题。我国水资源短缺问题尤以西北地区和华北地区最为突出。自改革开放以来,我国的粮食生产重心持续从水资源丰富的南方向缺水的北方转移,这一趋势自 2000 年以后表现得尤为突出。这在很大程度上是以牺牲北方的水资源,尤其是地下水资源为代价的。有研究表明,在华北平原,由于常年超采地下水,出现了大量地下漏斗区,部分区域甚至出现了地下含水层被疏干的情况。若不采取措施,遇到极端干旱期,任何应急措施都会因水资源的枯竭而变得无效。因此，从某种意义上说，华北地区的水资源短缺问题是国家战略安全问题的重中之重。

南水北调中线工程水源区主要是指丹江口库区及其上游地区，涉及陕西省安康市、商洛市、汉中市，河南省南阳市、三门峡市、洛阳市及湖北十堰等 7 市 40 个县（县级市、区），土地总面积为 8.81 万千米^2，其控制性水文站为黄家港水文站，该站多年（1954—2009 年）平均径流量为 357 亿米^3。一般情况下，为了保护生态环境，调出水量不超过调出河流总水量的 20%，河流本身的开发利用率不超过 40%。中线南水北调工程引水 95 亿～140 亿米^3，再加上"引江济渭"工程拟从汉江每年调水 15 亿米^3 至渭河，调水量占总水量的 31%～43%，会严重影响汉江中下游流域的生态环境。初步模拟计算结果表明，相比调水前，调水的实施对汉江中下游流域生态环境的综合影响程度高达 −37.91%～−64.46%，调水后汉江中下游流域生态环境处于强烈或明显负影响状态，说明南水北调实施后的汉江中下游流域的生态环境将会在现有基础上进一步恶化，将会直接影响和制约汉江中下游流域各县市区社会经济的发展和生态环境的改善。

近百年来，全球气候正经历一次以全球变暖为主要特征的显著变化，引起降水和径流在时空上的重新分布和径流总量的改变。在自然变化和人类活动的共同影响下，今后几十年中国各大江河流域的气温可能继续变暖，异常多雨地带可能发生迁移，一些流域极端降水事件频率可能升高。洪水与水资源极值的明显变化，主要反映在洪涝与干旱等极端事件发生的程度和频率上，如干旱或洪涝的程度增加且出现时间比过去更长等。近年来水源区径流量有减小的趋势，黄家港水文站 1999—2009 年年均径流量为 299.3 亿米^3，较 1998 年以前（工程论证采用的水文数据截至 1998 年）年均径流量减少 71.8 亿米^3，约减少 19.3%，而同期降水量则基本持平。这表明，水源区工农业用水和引用水量在不断增加，使得可调水总量减少。如果考虑汉江中下游各种用水量的增加，则汉江流域 1998 年以后年均新增用水量将接近南水北调工程初期拟调水量 95 亿米^3 的数量。若不加以控制，随着水源区和汉江中下游社会经济的不断发展，用水量还将继续增加，势必对调水工程及流域生态环境造成更大的影响，水资源供需矛盾将越来越突出，甚至不可调和。

从流域水量的时间和空间分布上看，南水北调中线水源区径流量的地区分布、年内分配和年际变化都大不相同。黄家港水文站最大年径流量为 783 亿米^3，最小年径流量仅 176 亿米^3，基本上刚好等于调水量。从年内变化的平均情况看，非汛期半年（11 月至次年 4 月）径流量约占全年的 31%，约 111 亿米³，而在枯水年份，非汛期半年的径流量仅 53 亿米³。这样，就存在一个问题，汛期水源区有水的时候，受水区也有水，南水北调工程沿途储蓄水库严重不足，所引的水不能储存，导致汛期基本无法调水，水源区很多水量将因保留防洪库容的需要和库容的限制而下泄，这部分水得不到合理的利用，如同 2010 年汛期的情况一样。非汛期，北方受水地区缺水，调水量的大部分集中在非汛期，但同时水源区也缺水，水源区的可供水量可能小于调水量，导致丹江口水库蓄水位下降，不能满足调水的要求。在特殊的干旱年份，北方蓄水缺口大，而水源区的水量也可能很小，再加上水库的调节能力限制，可能出现调水工作根本无法开展的情况。

　　丹江口水源区区域经济发展与水源地保护矛盾突出，且水源地保护管理工作复杂，基础工作薄弱，水质安全潜在风险不容忽视。根据 2008 年和 2009 年丹江口水库库区水体水环境质量简报，库区总体水质为Ⅱ类、Ⅲ类，入库支流老灌河和神定河污染严重，老灌河的张湾断面水质长期为超Ⅳ类，且经常为劣Ⅴ类，神定河的河口断面水质长期为劣 Ⅴ 类。水源地大部分工业和生活废污水通过 17 条入库干、支流进入水库。近年来，虽然在控源截污等方面取得了明显成效，但是受入河污染的影响，部分支流如入神定河、老灌河，仍存在氨氮、总磷、化学需氧量等严重超标问题，河流水环境没有得到根本性改善。这些支流河流生态系统结构被破坏，部分河段甚至呈现功能性紊乱的态势。随着水源地生态环境承载负荷的增加，与水土流失密切相关的面源污染进一步加剧。目前，丹江口水源地水污染防治更多地关注对点污染源的控制，对面源防治技术体系没有给予足够重视，并且对农业面源污染产生机理的研究及流域尺度上的污染控制技术与集成研究薄弱。丹江口库区库湾水体富营养化加剧，若不加以控制，将直接影响到水库的整体水质，继而影响到后续调水工程的安全运行。更值得关注的是，丹江口水库消落带将由高程 149~157 米上升至 160~170 米的库周地段，已适应消落带生境条件的植物种质资源将被淹没、消亡甚至灭绝，群落结构也将被破坏与毁灭，而这些已趋于稳定的生态系统是将来进行库区植被重建的重要基础。新形成的消落带植被因生境改变进入新一轮演替过程，如果不加以人工干预，其过程将会十分漫长且生态效益也很有限。

　　南水北调工程建设之前，国家针对工程可能面临的问题做了大量的论证和研究，但社会发展速度超过预期，调水又面临许多新的问题需要解决。通水前后，国家设立了一系列科技支撑重点项目和课题，在基础理论、工程应用及科学管理方面开展攻关，充分发挥科技支撑作用，确保南水北调工程的顺利实施并产生重大积极效益。但仍有一些事关调水成败的关键技术需要进一步解决，如水源区的水资源精细预报问题、节水问题、结合水库群的水源区水量综合调度问题、生态补偿问题等都需要进一步解决，需协调区域之间的矛盾，才能发挥南水北调工程的最大调水效益。

河南省内的南水北调中线工程水源区位于地处秦岭余脉伏牛山南坡，涉及淅川、西峡、内乡、栾川、卢氏、邓州6个县市，总土地面积为7 233.3千米^2，其中淅川县为2 510千米^2，西峡县为3 157千米^2，内乡县为141千米^2，栾川县为323.08千米^2，卢氏县为1 083.2千米^2，邓州市为19.02千米^2。水源区内耕地5.05万公顷，占7%；林地29.8万公顷，占41.31%。林地中幼林、灌木林面积占比较大，经果林面积占比较小；草地为1.56万公顷，占2.16%；荒山荒坡为26.5万公顷，占36.76%；水域为5.63万公顷，占7.8%；其他非生产用地为3.7万公顷，占4.97%。土地利用结构不甚合理。

水源区雨量比较充沛，多年平均降水量800毫米，但时空分布不均，多集中在7—9月，且以暴雨形式出现，多年平均气温15℃，年均日照时数2 270小时，无霜期为228天。项目区北高南低，地形复杂，峰峦起伏，沟壑纵横，最高海拔为西峡县的老界岭主峰2 212.5米。区域内地质结构复杂，主要构造岩石有石灰岩、片麻岩、砂岩、页岩、花岗岩等，易风化剥蚀。

区域内石漠化问题比较严重。淅川县作为南水北调中线工程重要水源区和主要库区所在地，虽不属喀斯特地貌区，但县域内石灰岩广布，原始植被破坏后难以靠自然的力量恢复，易造成大面积的石漠化，石漠化土地面积达到750千米^{2}左右，占全县总面积的26.44%，其中重度、中度、轻度、潜在石漠化土地面积分别为54.750 6、80.567 1、228.216 6、382.005 0千米^2。[1] 经调查发现，淅川县部分地区石质荒漠化呈加速发展趋势，导致土壤侵蚀强烈，造成十分严重的水土流失、区域生态环境问题。作为国家大型重点工程南水北调中线工程的渠首，怀抱我国最大的人工淡水湖——丹江口水库，水库的生态环境关乎整个南水北调中线工程的水质安全。石漠化还极易产生一系列连锁反应，在石漠化地区山洪、滑坡、泥石流等灾害发生概率大，加上地下岩溶发育，导

① 顾汪明，等.南水北调中线渠首淅川县石漠化治理现状与人工造林技术 [J].林业资源管理，2018（3）：44-48.

致水旱灾害频繁发生，几乎连年旱涝相伴。同时，石漠化山地岩石裸露率高，土壤少，贮水能力低，岩层漏水性强，极易引起缺水干旱，而大雨又会导致严重水土流失。由于水土流失严重，大部分地区缺土，一些地方还存在工程性缺水现象。石漠化与水土严重流失已形成恶性循环，造成的山穷、水枯、林衰、土瘦，给当地居民的生存亮起了红灯。石漠化发展最直接的后果就是土地资源的丧失，又由于石漠化地区缺少植被，不能涵养水源，往往伴随着严重人畜饮水困难[①]。

经调查，21 世纪初河南省丹江口水库水源区水土流失面积达 3 895.8 千米^2，占总土地面积的 53.86%，不同程度的水土流失情况[②]如表 4-1 所示。

表 4-1　河南省丹江口水库水源区水土流失情况

水土流失程度	轻度流失	中度流失	强度流失	极强度流失
面积（千米^2）	983.69	1 933.88	733.58	244.65
占比（%）	25.25	49.64	18.83	6.28

水土流失区域主要分布在水库上游浅山丘陵区，坡耕地面积大，人口集中，植被覆盖率低，不能涵养水源。水土流失的原因不外乎自然因素和人为因素。该区域浅山丘陵面积广大，山岭起伏、沟壑交错、坡度陡、土层薄且松懈，片麻岩、花岗岩抗蚀能力差，再加上降水量大且集中，是导致水土流失的自然因素。人为因素主要是资源的不合理开发利用，特别是丹江口水库的建成，淹没了大片农田，除外迁移民，县内自安移民主要是后靠安置在水库边缘的山坡丘陵地带，人多地少。加上开发历史悠久，各历史时期人类活动频繁，大量陡坡开荒，破坏植被，区域内矿山开采、道路修建等建设活动日益频繁，人们的水土保持观念淡薄，忽视水土保持生态环境保护，乱堆乱放废土弃渣，造成了大量水土流失。

水土流失面积使得土地耕作层变薄，肥力降低，影响农业收成。同时水土流失造成农田被冲，河床抬高，沟溪断流，淤积水库，部分山区人畜吃水困难，自然灾害日益频繁，在一定程度上影响了经济的发展。南水北调中线工程

---

① 勇豪，等. 丹江口库区石漠化现状及治理措施研究：以河南省淅川县为例［J］. 河北农业科学，2012（2）：75-77.

② 许春霞，等. 浅议南水北调中线工程水源区河南省水土保持生态建设［J］. 河南水利，2003（1）：30.

开工建设以及通水以来，已将水源区列入国家重点水土保持区域，一些区域得到重点治理，但还存在投入不足，治理速度较慢等问题，水源区的水土保持与治理依然任重道远，水源区的生态补偿不仅必要而且至关重要。

一、生态补偿的概念

近年来，生态补偿是法学界、经济学界、可持续发展管理等领域研究的热点，在南水北调中线工程建设与后期高质量发展的研究与探讨中更是热门话题。那么，什么是补偿？怎么理解生态补偿？如何界定生态补偿？

根据《现代汉语词典》的解释，补偿的意思是"抵消（损失、消耗）""补足（欠缺、差额）"。"补偿"一词不仅是一个日常用语，在我国法律中的应用也较为频繁。刑事、民事、行政方面都存在补偿制度，如我国《中华人民共和国物权法》规定的征收、征用补偿。法律上的补偿发生的原因都是合法行为对他人产生了损失或者行为者有目的地使他人受益，生态补偿机制中的补偿也不例外。这一补偿发生的原因是生态破坏者的合法开发、利用行为破坏了生态环境或者生态效益维护者和增值者的行为使他人受益。其不仅体现了人与自然的关系，更体现了人与人之间因生态效益而产生的补偿关系。必须指出的是，在法律意义上，补偿不等于赔偿。赔偿是因为违法行为对他人造成损害而应承担的损害填补责任，补偿则是基于合法行为造成的损害。补偿也不应与补助、补贴相混淆，补助是一种政府性施惠行为，补贴则经常作为一种政策上的经济扶植手段来使用，它们都不要求有权益受损方和受益方的存在。

从自然的角度来讲，生态补偿的概念源自自然生态补偿，是一个源于生态学的理论，是自然生态系统对外界干扰的自我调节和自我恢复能力，并不需要人类活动的参与，是自然界生态系统的自我修复，与我们讨论的社会行为中的生态补偿机制并不一样。20世纪80年代中期以来，人们逐渐开始从经济学、社会学、地理学角度研究生态补偿，对其内涵的认识也不断深化。

生态补偿也叫生态效益补偿，目前在我国没有公认的定义，学界中存在多种观点和见解，如广义说、约定说、目的论、狭义论等。"中国生态补偿机制与政策研究"课题组给出的定义是："生态补偿，是以保护和可持续利用生态服务系统为目的，以经济手段为主要方式，调节相关者利益关系的制度安排。""生态补偿机制是以保护生态环境、促进人与自然和谐发展为目的，根据生态系统服务价值、生态保护成本、发展机会成本，运用政府和市场手段，调节生态保护利益相关者之间利益关系的公共制度。"① 生态补偿，从狭义的角度理解，是指对由人类的社会经济活动给生态系统和自然资源造成的破坏及对环境造成的污染的补偿、恢复、综合治理等一系列活动的总称。广义的生态补偿则还应包括对因环境保护丧失发展机会的区域内的居民进行的资金、技术、实物上的补偿和政策上的优惠，以及为增进环境保护意识，提高环境保护水平而进行的科研、教育费用的支出。这一观点中的狭义说，实际上依然是指负外部性的内部化；而广义说是指当前热点意义上的生态补偿，其突出了补偿的方式和补偿费用途。

　　一些权威的专业辞典如《环境科学大辞典》将生态补偿机制定义为："为维护、恢复或改善生态系统服务功能，调整相关利益者的环境利益及其经济利益分配关系，以内化相关活动产生的外部成本为原则的一种具有激励性质的制度。"此处强调了制度的"激励性质"。还有人将其定义为"生态效益补偿是指为保存和恢复生态系统的生态功能或生态价值，在一定的生态功能区，针对特定的生态环境服务功能所进行的补偿，包括直接对生态环境的恢复和综合治理的直接投入，以及该生态功能区区域内的居民由于生态环境保护政策丧失发展机会而给予的资金、技术、实物上的补偿以及政策上的扶植"。这一解释将生态补偿分解成两部分：一是对生态系统客体的直接投入性建设，二是对生态系统主体人的发展机会成本进行补偿。2007 年 9 月，国家环境保护总局印发了《关于开展生态补偿试点工作的指导意见》，在四个领域开展了生态补偿试点，包括自然保护区的生态补偿、重点生态功能区的生态补偿、矿产资源开发的生态补偿、流域水环境保护的生态补偿。

　　如果对生态补偿进行性质上的剖析，可以发现，生态补偿具有两个明显的功能，一是保护非物质性环境功能，二是保护社会产权与公共利益。前者是指人类的发展理念不断革新与时俱进，人们普遍意识到，优良的、非物质化的环境和生态也是重要的资源，时至今日，"绿水青山就是金山银山"的理念早已深入人心，绿色会计、绿色 GDP 等理论，都是主张扩大资源范围，纳入环境功能资源，则可消除其相应的外部成本问题。社会产权与公共利益方面，生态补偿的价值取向是实现多元利益的公平。环境是公共产品，应该由国家来提供，但在事实上和多种原因影响下国家难以胜任甚至力不从心，因此可以适当

---

① 母学征，郭廷忠. 我国自然保护区生态补偿机制的建立 [J]. 安徽农业科学，2008（36）：10101 - 10102.

引入市场机制作为有效补充和完善。但是，必须明确的是，在国家产权与私人产权之间，存在一个宽阔的过渡区间，可称为"社会产权"，就是指非政府和非市场组织的各种社会机构所拥有的财产权。这种财产权的行使，既不以盈利为目标，也不以政绩为目的，而是为了实现公益。这些社会组织之所以能发挥环境保护作用，根本原因在于这些社会组织拥有自己的产权，而社会产权正是西方环境运动的基本资源。仅仅通过国家或政府的方式来实现生态补偿，存在相当的不合理性和众多问题，国家财政对于环境保护费用和生态补偿费用也只是杯水车薪。如果不能有效调动社会其他力量，生态保护的目标就很难实现。环境"公共产品"属性决定了很多时候不能进行市场经济所要求的明晰的产权分割。因此，不但存在"政府失灵"，也会发生"市场失灵"。在尽可能通过市场机制扭转被歪曲的不合理的资源价格体系，以及在保留政府一些环境保护的重要职能的同时，还要寻找环境保护的"第三条道路"——社会的环境产权及其权利保护。美国社会法学的创始人罗斯科·庞德把利益分为三类：个人利益、社会利益与公共利益。其中，公共利益的主体是公共社会，具有公众性，具有典型的公共产品的特性，即人们可以不必直接支付代价而获得相关利益。人们在对待公共利益时具有"搭便车"倾向，加之个体也可能利用公共利益的名义获取个体私利，因此，必须通过法律加以确定和保护公共利益。在现代社会，法律不能仅考虑国家的利益，也不能仅照顾个人的利益，而应当树立公共利益的观念；法律的公平价值能否实现，不能仅看个体权利是否得到实现，更应该看公共利益是否得到保障。从法理学的角度而言，生态补偿是具有社会正当性的一种行为，不同于赔偿。

首先，生态补偿原理最常见的也是学界经常讨论的是外部性内部化。从经济学的角度来看，外部性是指一个经济主体（生产者或消费者）在自己的活动中对旁观者的福利产生了一种有利影响或不利影响，是一种经济力量对另一种经济力量"非市场性"的附带影响。外部性又称为溢出效应、外部影响、外差效应或外部效应、外部经济，分为正外部性（positive externality）和负外部性（negative externality）。正外部性是指某个经济行为个体的活动使他人或社会受益，而受益者无须花费成本。负外部性是指某个经济行为个体的活动使他人或社会受损，而造成负外部性的人却没有为此承担代价。从外部性的内部化来解说生态补偿，可以分成三种情况：①负外部性内部化说。通常是指生态环境破坏者的赔偿行为以及对遭到破坏的生态环境要素进行恢复，从而使外部不经济性内部化，大家熟知的"谁污染，谁治理"原则即为此说的体现，其侧重于惩罚与恢复。②正外部性内部化说。从 20 世纪 90 年代初期开始，生态补偿侧重于由生态服务受益者支付费用，对生态环境保护者和建设者进行补偿。其侧重于激励与建设。③外部性内部化说。认为生态补偿应包括损害者付费赔偿和受益者补偿两个方面，是前两者的综合。当下，生态补偿最为常用的含义应当是正外部性内部化说。负外部性内部化说容易与生态损害赔偿混淆，与已有的环境污染、生态破坏损害赔偿混淆。

其次，抑损和增益学说对生态补偿的原理也有相当的说服性解释作用。抑损性生态补偿是指国家对合法开发、利用自然资源造成生态破坏、生态效益减损的行为人收取的，用于保护、恢复生态功能的费用。增益性生态补偿则是指国家对因生态保护和建设而使生态效益得以维护或增值，并使他人受益而自己遭受损失的行为人支付的用于弥补其经济损失的费用。矿产资源的生态补偿是典型的抑损性生态补偿，自然保护区的生态补偿则是增益性生态补偿的代表。增益性生态补偿是当前生态补偿研究的热点和重点，在南水北调中线工程建设和维护中也有重要意义。

落基山研究所指出："经济回报应该成为鼓励人们去做正确事情的重要动因，可持续发展不应要求人们为了环境而去无私地损失经济利益，我们要努力寻找一个多赢的途径，为尊重自然的开发行为提供在经济上可行的方案。"这说明，一个地区的高质量发展必须有一定的正确理论作支撑。南水北调中线工程的生态补偿也不例外，可以从生态经济、区域经济、循环经济等理论中，找到具有中国特色和水资源特色的理论和方法。

最后，其他支持理论还有生态经济理论、循环经济理论、人地关系理论等。

其一，生态经济理论。2001 年，美国学者莱斯特·布朗（Lester Brown）博士依据经济学和生态学原理，在《生态经济》一书中提出了生态经济的概念。综合国内外研究成果，生态经济是运用生态学、系统工程方法等理论，在社会再生产过程中强调经济系统与生态系统之间的物质循环、能量转化、信息交流和价值增值规律及其应用的一种经济模式，是一门从经济学角度来研究由社会经济系统和自然生态系统复合而成的生态经济社会系统运动规律的科学。生态经济学以生态学原理为基础，以经济学原理为主导，以人类经济活动为中心，运用系统工程方法，从最广泛的范围研究生态和经济的结合，从整体上研究生态系统和生产力系统的相互影响、相互制约和相互作用，揭示自然和社会之间的本质联系和规律，改变生产和消费方式，高效合理利用一切可用资源。

简言之，生态经济就是一种尊重生态原理和经济规律的经济。它要求把人类经济社会发展与其依托的生态环境作为一个统一体，经济社会发展一定要遵循生态学理论。生态经济所强调的就是要把经济系统与生态系统的多种组成要素联系起来，进行综合考察与实施，要求经济社会与生态发展全面协调，达到生态经济的最优目标。

生态经济学根据生态学和经济学的原理，基于生态规律和经济规律的结合，研究人类经济活动与自然生态环境的关系。具体来说，生态经济学是研究使社会物质资料生产得以进行的经济系统和自然界的生态系统之间的对立统一关系的学科，是既从生态学的角度研究经济活动的影响，又从经济学的角度研究生态系统和经济系统相结合形成的更高层次的复杂系统，即生态经济系统的结构、功能及其规律的学科。它强调生态系统演进与人类文明系统演进之间的相互影响，并认为人类的责任是认识自身在生态系统中的作用，同时对生态系统进行可持续管理。

生态经济学具有整体性、综合性、协调性和战略性特征。生态经济学探讨人类社会经济与地球生物圈的关系，包括人口过剩、粮食匮乏、能源短缺、自然资源耗竭和环境污染；研究自然生态系统的维持能力与国民经济的关系，为制定符合生态经济规律的社会经济综合发展战略提供科学依据；研究森林、草原、农业、水域和城市等各主要生态经济系统的结构、功能和综合效益问题；研究基本经济实体同生态环境的相互作用问题。这些问题与人类生存和社会发展密切相关，事关长远、关系全局。

生态经济学作为一种经济模式或者经济发展理念，最终还必须落实在区域经济发展上。区域经济作为一个完整的、复杂的经济系统亦有其内在的机制，揭示和掌握区域经济运行原理与规律，才能有效促进区域经济快速发展。众所周知，世界上许多地区都很难只依靠其自有的资源优势和区位优势谋求发展之路。从宏观和全局的高度进行南水北调中线工程生态补偿的研究，促进河南省的高质量发展已经成为河南省乃至中国以及全世界共同关注的一个热点问题。

其二，循环经济理论。"循环经济"一词是美国经济学家 K. 波尔丁（Kenneth Boulding）在 20 世纪 60 年代提出的。循环经济是一种实践可持续发展理念的新的经济发展模式，它从资源环境是支撑人类经济发展的物质基础这一根本认识出发，通过"资源—产品—废弃物—再生资源"的反馈式循环过程，使所有的物质、能量在这个永续的循环中得到合理持久的利用，从而实现用尽可能小的资源消耗和环境成本获得尽可能大的经济效益和社会效益。循环经济本质上是一种生态经济，其标志性的特征是遵循"4R"原则，即减量化（reduce）、再利用（reuse）、再循环（recycle）、再思考（rethink）的行为原则。自 20 世纪 80—90 年代起，发达国家为提高综合经济效益、避免环境污染，以生态经济理念为基础，重新规划产业发展，提出一种新型的循环经济发展思路。近年来，循环经济已经逐渐成为一股新经济的潮流和趋势。20 世纪 90 年代末，循环经济概念开始被引入我国。我国特色循环经济的内涵则可以概括为：对生产和消费活动中物质能量流动方式的管理经济。具体讲，是通过实施减量化（reduce）、再利用（reuse）和再循环（recycle）3R 原则，依靠技术和政策手段调控生产和消费过程中的资源能源流程，最终旨在改变"大量生产、大量消费、大量废弃"的社会经济发展模式。水资源的合理利用和开发成为循环经济中的关键一环。

对第一产业而言，无论在传统农业还是现代农业领域，农作物和动物对于水、阳光、空气、土地等自然因素的依赖是无法改变的，农作物生产还带来积极的水循环效应。第二产业、第三产业的发展也都和水有着无法割裂的关系，由此还产生了"水经济"的概念。

从狭义上讲，水经济是指贯彻落实新发展理念，在节约优先、保护优先的前提下，把水资源作为重要生产要素，创造、转化、实现水资源的量、质、温、能的潜在价值。从水与产业的关联程度上可以对水产业进行界定，主要包括对水依赖程度高的第一产业，第二产业中用水量大或对水特性有特殊要求的酒类和软饮料、医用针剂、水电、新兴战略产业等，第三产业中的对水生态环境要求高的旅游业。

其三，人地关系理论。人地关系包括由两个互不相同但又相互联系的变量组成的系统。在这个系统中，所谓"地"，包括各种自然环境要素和一些人文要素按照一定规律相互交织、紧密结合而构成的地理环境整体。因为人兼有生物属性和社会属性，具有活动的社会性，因此人地系统具有自然与社会两种属性。自然要素和人文要素都是系统的元素。人地关系系统是由人类活动和地理环境两个子系统组成的复杂的开放的巨系统。在这个巨系统中，两个子系统间的物质循环和能量转化是通过系统要素的相互联系实现的，这种相互联系和作用形成了人地系统发展的机制。

人地系统中，各个元素的联系也叫人地关系耦合，指的是人地系统中各元素的因果关系链。最常见的人地系统耦合就是区域自然资源、环境和人类社会、经济相互作用引起的区域发展问题。

自然环境是人类生存与发展的前提与基础，是一个不可忽视的外在影响因子。人们对外在环境适应和改造存在协调与否的问题，并且随着社会发展，人类对自然的影响与日俱增，产生了一系列的问题。同时自然环境的变更所带来的变化也伴随着人们在空间和时间二维度的变化，相应就会产生社会组织与社会关系的变迁。技术作为在自然生物环境基础上创造人们生存与发展的物质文化，体现在人类生活中的主要是生产方式、生产力的组织形式等。人类作为人地关系中的主体，与社会组织、技术、自然环境共同构成了人地关系内在机制运行的动力。这就使得包括水资源、水环境在内的良好的人地关系对于整个人类社会和区域发展越来越重要，可以说，优良的生态环境也是生产力。

二、国外生态补偿的实践

生态补偿的研究始于 20 世纪末期，首先是由国外学者开始的。国外学者在进行生态服务的功能和价值的研究过程中首次提出了生态补偿概念。国际上通用的概念是 PES（payment for ecosystem services）或 PEB（payment for ecological benefit），即受益者向生态服务提供者支付费用。对于生态补偿的界定国外学者更倾向于将其定义为在市场作用下的经济交易。

在生态补偿标准方面，国外学者认为，在流域生态补偿标准的量化基准主要有生态服务价值、因生态建设投入的成本、自然生态系统价值估算、机会成本确定等，并利用数学模型来计算生态补偿标准。①

在实践方面，国外的补偿途径多种多样，主要以政府和市场为主要手段。政府手段包括政府补偿、设立生态专项基金、出台相应政策等，如澳大利亚政府通过经济补贴来推动各省流域管理工作；20 世纪 20 年代，爱尔兰通过出台政策对私有林业的造林、护林等行为进行补助；20 世纪 80 年代美国政府颁布的《休依特法案》中，以恢复森林过程中对当地居民造成的损失进行补贴为重要内容。市场调节手段有私人补偿、水权交易、排污权交易等，如肯尼亚通过建立绿水信贷项目，在环境保护者和使用者之间建立起支付和鼓励机制；澳大利亚允许排放许可证交易，以此来确保环境保护者的权益。

文明的进程和社会的发展有快有慢，所积累的经验也就有先有后。近代社

---

① ZHONG S Z, GENG Y, HUANG B B, et al. Quantitative assessment of eco - compensation standard from the perspective of ecosystem services: A case study of Erhai in China [J]. Journal of Cleaner Production, 2020 (263): 1 - 10.

会发展史中，欧美部分国家在全球率先进入了工业文明阶段，工业的飞速发展、城市的快速扩张、城市人口的大量增加、农药化肥的大量使用等活动消耗了大量的资源，排放了大量污染物到环境中，导致水体水质变差，水生生物死亡甚至灭绝，水生态系统结构和功能受到破坏。在认识到问题的严重性后，美国、欧盟中的部分国家开展了水生态环境的治理。通过采取一系列的综合性措施，水环境质量得到逐步改善，水生态系统结构功能逐步恢复。特别是美国密西西比河流域的综合治理成为流域治理的范例，其经验可以为南水北调中线工程生态补偿工作提供有益借鉴。

我国关于生态补偿的研究和实践起步较晚，但发展迅猛。对生态补偿的概念、标准、方式等方面都有相当丰富的成果和著述。在理论方面的研究，有如毛显强（2002）、陈新（2018）等；在生态补偿标准方面，有如谢高地（2008）、何军（2017）、刘祥鑫（2018）、徐劲草（2012）等；在补偿方式研究方面，有如杜振华（2004）、申庆元（2015）等，学者们对生态补偿问题的认识不断深入。

三、构建跨区域生态补偿保障机制

我国现有生态补偿法律体系主要包括环境基本法和各地方法律，专门的环境基本法规定了生态补偿思想和原则，各部门、各地方政府单独制定相应法律法规，缺乏一部统一的生态补偿专门法。在环境保护方面的基本法律是《中华人民共和国环境保护法》（2015年1月1日施行）。其尽管在大的方面明确了保护资源与环境的基本原则和基本制度，但难以真正起到生态补偿纲领性法规的作用。2017年6月27日，第十二届全国人民代表大会常务委员会第二十八次会议《关于修改〈中华人民共和国水污染防治法〉的决定》（第二次修正）第八条明确了"国家通过财政转移支付等方式，建立健全对位于饮用水水源保护区区域和江河、湖泊、水库上游地区的水环境生态保护补偿机制"。但对于诸多细节缺乏明确的表述。党的十七大报告提出关于"建立健全资源有偿使用制度和生态环境补偿机制"的要求。自2008年起，中央财政首先将南水北调中线工程水源区40个县纳入国家重点生态功能区转移支付范围，享受中央财政转移支付政策；2009年扩大到43个县，覆盖全部水源区；2011年，将污水、垃圾处理设施的运行费用作特殊支出，进一步加大生态转移支付力度。截至2014年9月，中央财政已累计下达转移支付资金181亿元，但推动建立市场化生态补偿机制仍然任重道远。

2010 年颁布的《河南省水环境生态补偿暂行办法》（豫政办〔2010〕9 号）仅适用于河南省行政区域内长江、淮河、黄河和海河四大流域 18 个省辖市的地表水水环境生态补偿。没有涉及南水北调中线河南段水环境生态补偿办法。到 2017 年河南省又补充修订了《河南省水环境质量生态补偿暂行办法》，明确了："水环境质量生态补偿包括地表水考核断面、饮用水水源地、南水北调中线工程河南段和水环境风险防范的生态补偿。""南水北调中线工程水质同地表水 II 类水质相比，当月造成丹江口水库及输水总干渠水质未达到 II 类的，分别扣收省辖市、省直管县（市）400 万元、80 万元生态补偿。"由此可见，政策中体现更多的是以罚代奖，对水源区生态补偿言之不详，激励机制仍不健全。

此外，现有生态补偿法律法规的制定更多体现了中央的意志，生态补偿相关利益方未能充分参与，如补偿对象及补偿标准的确定中，没有充分考虑到农民、企业团体的利益等。同时受市场影响，地方生态补偿标准与市场实际脱节，补偿标准定得过低。

综上所述，应在充分考虑南水北调中线工程水源区和受水区，政府、企业和民众，协调工农业用水需求等多方面的诉求的基础上，深入研究、积极谋划，进一步构建生态补偿法律保障机制。

第二节　南水北调工程生态补偿机制尚不健全

南水北调中线工程通水前后，国家与地方、政府与企业、学者与民众等普遍关注对于水源区的生态补偿。中央政府以及各级沿线受水区的地方政府作为补偿主体，通过财政转移支付、政策倾斜、项目扶持、对口支援等方式对南水北调中线工程水源地进行补偿。

在移民安置与工业企业补偿方面，中央及各地方政府颁布了一系列的文件，对移民土地补偿费、安置补助费、城集镇和工业企业补偿以及移民后期生活扶持等作了详细的安排。此外，各级政府投入大量资金，开展污染防治、水源涵养和生态建设，并以此为契机，推动节水型社会建设。根据《丹江口库区及上游水污染防治和水土保持"十三五"规划》，"十三五"期间，中央政府规划实施污染防治、水源涵养与生态建设、风险管控 3 大类建设任务，总投资196 亿元。地方政府也纷纷出台相关政策，如河南省则制定了《河南省丹江口库区及上游水污染防治规划》《河南省丹江口库区及上游水土保持生态建设规划》和《丹江口水库（河南辖区）饮用水水源保护区划》等一系列法规和文

件，丹江口水库划定了一级保护区、二级保护区和准保护区，保护区总面积为
1 596 千米²，占水库河南省流域总面积的 20%。

按照《中华人民共和国水污染防治法》（2018 修订版）第 65 条、第 66 条
和第 67 条规定，禁止在饮用水水源一级保护区内新建、改建、扩建与供水设
施和保护水源无关的建设项目；已建成的与供水设施和保护水源无关的建设项
目，由县级以上人民政府责令拆除或者关闭。禁止在饮用水水源二级保护区内
新建、改建、扩建排放污染物的建设项目；已建成的排放污染物的建设项目，
由县级以上人民政府责令拆除或者关闭。禁止在饮用水水源准保护区内新建、
扩建对水体污染严重的建设项目，改建建设项目，不得增加排污量。

因此，保护区一旦划定，将对当地的经济、社会发展造成长期影响。2015
年 4 月，河南省政府发布《丹江口水库（河南辖区）饮用水水源保护区划》。
丹江口水库划定了一级保护区、二级保护区和准保护区，保护区总面积为
1 596 千米²，占水库河南省流域总面积的 20%。保护区划分结果为：一级保护
区为取水口至上游中线距离 10 千米（杨河—柴沟一线）之间正常水位线（170
米）以下的水域，陶岔取水口两侧正常水位线（170 米）以上至陶岔取水口引
渠两侧道路及至移民迁赔线（172 米）以下的陆域；二级保护区为一级保护区
外至上游中线距离 10 千米（李沟—水产局半岛前端一线）正常水位线（170
米）以下的水域及以上至分水岭，西至省界、北至前营—唐家岗的陆域；准保
护区为二级保护区以外正常水位线（170 米）以下的全部水域及丹江、老鹳河
分别上溯至丹江桥、鹳河一桥的水域，以及正常水位线（170 米）以上东至
S335—淅河北 50—S332 分水岭—S335—分水岭、西至省界、北至 G209—
X011—Y003—Y008—X011—丹江大道的陆域。[①]

本文摘其要者列出水源区禁止的事项如下。

①饮用水源一级保护区内禁止新建、改建、扩建与供水设施和保护水源无
关的建设项目，已建成的与供水设施和保护水源无关的建设项目责令拆除或者
关闭。

②禁止在一级保护区内从事网箱养殖、旅游、游泳、垂钓或者其他可能污
染饮用水水体的活动。

③在饮用水水源二级保护区内禁止新建、改建、扩建排放污染物的建设项

---

① 河南省政协学习和文史委员会. 南水北调中线工程亲历记（上、下）[M]. 郑州：中原传媒出
版集团，2018：530 - 535.

目；已建成的排放污染物的建设项目，由县级以上人民政府责令拆除或者关闭。

④对于从事网箱养殖、旅游等活动的，法律的规定是应当按照规定采取措施，防止污染饮用水水体，并且还明文规定，禁止在饮用水水源准保护区内新建、扩建对水体污染严重的建设项目；改建建设项目，不得增加排污量。

⑤在规定水域范围内实施全面禁捕工作。划定的区域为丹江口水库丹江口段，汉江丹江口段，水域总面积约 70 万亩。

在水源区内有如此多的禁止，涉及如何协调丹江口水库水质的保护与当地经济的发展关系，成为保护区划定后的难点工作，也关系到南水北调中线工程的成败和水源区的高质量发展。

中央财政支付是水源地生态补偿得以进行的关键。从 2008 年起，政府在均衡性转移支付项下设立国家重点生态功能区转移支付，在国家层面对于水源区的生态补偿采取了一系列的措施，在均衡性转移支付项下设立国家重点生态功能区转移支付，主要以对口协作、专项资金、生态扶贫等形式进行，保证一渠清水永续北送。实施《丹江口库区及上游地区经济社会发展规划》，水源区积极适应新的区域定位和发展方向，加快实施一批涉及生态建设、产业发展及结构调整、基础设施建设和社会事业发展等方面的骨干项目。建立国家重点生态功能区转移支付制度。从 2008 年起，中央财政率先将水源区 43 个县全部纳入国家重点生态功能区转移支付范围；2012 年将污水、垃圾处理设施的运行费用作为特殊支出；实施《丹江口库区及上游地区对口协作工作方案》，结合水源区优势资源与受水区经济、技术、人口、市场优势，增强水源区自我发展能力。

对口协作是推动南水北调中线后续工程高质量发展的一项重要举措，借助南水北调工程这一友谊桥梁，水源区与受水区的对口协作、合作领域不断拓宽，在项目、人才、技术、人文等领域已展开全方位合作，借助跨流域调水，使相关区域共享新机遇，共谋新发展。

自 2014 年南水北调中线工程通水，北京人民喝上甘甜的江水后，北京市和南阳市全面确立对口协作关系。京宛两地围绕"保水质、护运行、助扶贫、促转型"理念，通过政府推动，引导企业、动员各界积极融入，全面开展对口协作工作，取得了丰硕成果。一大批项目、技术和资金落户南阳市，为南阳市经济社会的快速发展注入了新的活力。自通水以来，京宛合作领域不断扩宽。据南阳市京（津）宛合作中心相关领导介绍，截至 2021 年底，北京市已累计投入协作资金 10.98 亿元，实施协作项目 244 个，带动投资 36.78 亿元。

在南阳市，京宛合作项目遍地开花。淅川县库区养殖场和西峡县淇河完成环境修复治理，在优化库区生态环境的同时保护了一渠碧水安全北上；淅川县软籽石榴、邓州国家小麦育种、西峡猕猴桃基地等产业扶贫项目，辐射带动了贫困人口 2 万多人；西峡县食用菌科研中心、内乡县中以现代农业科技创新合作示范园等一批促转型项目，推动了水源区产业结构调整；淅川县思源学校、渠首朝阳小学、西峡县中医院改扩建等一批强民生补短板项目，促进了水源区民生改善。

西峡县食用菌科研中心借助京宛对口协作平台，创新合作模式，示范引领我国食用菌的科研和推广工作；通过对口协作，搭建监测全国各地香菇价格指数的大数据平台，以指导全国香菇价格走向，增强西峡在香菇产业的全国影响力。

据报道，京宛双方分别设立了专门的工作机构，负责日常工作的开展，特别是南阳市把对口协作作为全市的九大专项之一，重抓重推，设立京宛对口协作工作领导小组和京（津）宛合作中心，全力组织推进。京宛双方已互派多批干部开展双向交流挂职，已成为深化工作开展的纽带，他们在全新的岗位上全力发挥了桥梁纽带作用。

未来，京宛合作将迈上更高台阶。京（津）宛合作中心将打造"北京＋南阳"京宛合作阵地，整合南阳市在京挂职干部、商会、联盟、老乡等资源，建设驻京联络阵地；在南阳市以京宛对口协作工作领导小组为依托，以京（津）宛合作中心为载体，以北京市在南阳市挂职干部为纽带，以项目实施单位为主体，建设南阳市承接落实阵地。此外，京宛双方还将继续重点围绕水质保护，以打造丹江口库区复合型环库生态廊道为支点，提高面源污染防治能力，大力发展三产融合项目，实现生态效益和经济效益双赢，确保一渠清水永续北送。

整体看来，南水北调中线工程的生态补偿机制尚不健全，中央政府和地方政府仍是生态补偿的主力，包括企业家、民间资本、社会公益等在内的社会力量参与不多，对水源区的生态补偿仍显不足，保护环境、提升水质的任务依然艰巨。

中国生态补偿机制理论的研究，起步稍晚，早期是基于环境、地理学、经济学的角度，对生态领域的补偿标准进行了研究。南水北调工程这种跨区域调水工程的生态补偿，尚处于探索阶段，也并未能形成完善的跨区域调水工程水源地生态保护的理论框架。加之南水北调工程跨度较大，不同区域的财政能力以及经济发展水平存在较大差异，直接增加了生态补偿的难度。必须探索构建起南水北调工程水源地的生态保护机制，进而为南水北调等跨区域大型调水工程的生态保护工作提供丰富的理论指导。通过水源地生态保护机制的构建，对南水北调中线工程的水源区域进行生态补偿，不仅能够为该河流区域的发展提供强有力的资金支持，减轻经济不发达区域的财政压力，进而为河流区域发展以及周围地区居民的生活提供重要的资金保障，同时，还能够为优化水源地水质，降低河流区域水土保护、水源涵养以及水源治理等方面的费用，进而缓解当地财政压力，刺激水源地的生态保护行为，最终使得生态经济实现可持续发展。对于南水北调中线工程水源地而言，生态补偿机制的实施，不仅能够促进该流域的经济发展，同时还有利于该区域的生态保护工作的开展，最重要的还可以为区域间发展的均衡性提供重要保障。综上所述，水源地生态保护工作的开展，对该地区的经济发展以及生态环境保护均具有重要意义，而且还能够促进区域间的均衡发展。

总的来看，我国生态补偿市场化机制建设起步较晚，在实践过程中，出现了利益调整不明确、权责不清、补偿资金获得渠道较窄以及法律制度不完善等问题。

一、利益调整不明确

生态补偿政策的实施往往伴随着一方受益、另一方受损现象，这样就会存在各方利益分割的问题。出于自身利益最大化考虑，利益各方会相互博弈。因此，如何更好地进行利益调整，是目前生态补偿机制制度改革面临的一大严峻挑战。以南水北调中线工程为例，工程属于跨流域调水，水源区和受水区沿线经济社会发展水平存在很大差距，对生态保护的期望也不一样。水源区经济发展落后，产业层次低，经济增长速度慢，政府财力负担重，生态保护的压力大，经济社会发展与保护环境成为一个突出的矛盾。受水区往往经济发达，对受上游影响的生态环境有更高要求。沿线受水区经济发展水平也不尽相同，期望和诉求也存在着不一致。南水北调中线工程中的水源区和受水区综合管理、共同保护、区域联动的格局尚未形成，需要建立起一个有效协调机制去调整相关利益方之间的关系，最终实现"利益共享，责任共担"。

从国家层面和长远发展的角度来看，水源区和受水区应该且必须共享整个流域的经济发展成果。我们要避免的是，受水区享受到的优质生态环境资源服务，是以牺牲水源区上游为代价。因此，在责任分担方面，受水区应积极承担起相应的责任，激励水源区保护环境的积极性，缩小水源区和受水区的经济社会发展差距，否则将最终影响生态环境保护长效机制的建立。

二、权责不清

实施生态补偿的重要原则是"谁受益、谁补偿"，即受益者付费，保护者得到合理补偿。目前我国生态补偿制度建设中，一个突出问题是参与生态补偿的各利益主体之间权责不明确，生态保护者没有得到适当补偿，应履行补偿义务的生态受益者意识不强，甚至刻意逃避补偿责任，"搭便车"现象非常普遍。有一些地区的补偿资金投入和使用没有密切关联保护责任，受偿主体虽然获取了补偿资金，但生态补偿实际成效不理想。一些公司获得生态补偿资金的同时，甚至还做出破坏环境的恶劣行为。

同时，在现有生态补偿体制中，多部门管理现象较为严重，突出表现为管理职责交叉和脱节。在一些地方政府的生态补偿实践中出现多个补偿主体的情况。多头管理使部门之间矛盾突出，各个主体之间责任不明、相互推诿现象时有发生，容易出现争取资金时都在强调自身权利，而进行补偿时都在推脱自身责任的情况。生态补偿主体责任不明、分工不清，容易造成监督难度大、资金使用分散和效率低下等后果。

三、补偿资金渠道不健全

我国生态补偿机制运行不畅的其中一个重要原因，是各级政府财政支持乏力，同时缺失多元化的补偿资金渠道。这直接造成生态补偿资金来源渠道相对单一、补偿范围较小、补偿标准偏低、补偿力度不够等问题。

我国尚未建立起包括资本市场资金、企业与个人资金等在内的多元化补偿资金来源。资本市场融资功能没有充分利用，国家或政府的投资可以在项目建设期间满足需要，但项目建成后的长期生态服务则缺乏支持。后期工作仍需融资才能更好地运转。可以通过构建生态补偿基金，吸收有关组织和企业的个人投资、社会团体或私人捐赠等，填补生态补偿建设资金。在税收政策上，我国还没有制定独立的生态补偿税收制度，这也在一定程度上限制了资金来源。我国现存的体现生态补偿原则的收费项目，主要包括水资源费、排污费、砂石资源费、森林植被恢复费、草原植被恢复费、矿产资源补偿费等。因此，可以借鉴国外的经验和做法，如欧美国家采用的绿色环保税收、生态税收等多种特定税收来筹集资金的方法。生态补偿税收制度的实施，一方面能增加补偿资金来源，另一方面能保证资金来源的连续性，以对生态环境建设与修复提供长期的融资支持。

第三节 完善南水北调生态补偿机制

关于如何构建和完善南水北调中线工程的生态补偿机制，中央和地方、政府和企业、学者与公众普遍关心，甚至成为学术界的一个热点话题。李雪松、李婷婷（2014）；赵秀玲、陶海东（2012）；张秦岭（2008）；王一平（2013）；樊万选、夏丹、朱桂香（2012）；刘晶、葛颜祥（2011）等学者都就此问题展开了深入细致的讨论。

综合现有的研究成果，比较一致的看法是，目前我国对中线工程生态补偿的方式多以政府财政转移支付和项目补偿为主，市场化交易、对水源地产业受限区的产业扶持政策等措施缺乏，生态补偿方式和资金来源单一，未能建立起长久有效的补偿机制。

一方面，我国是社会主义国家，平稳实现跨流域调水、兼顾地区发展、合理安排调水区和受水区的经济社会发展是社会主义制度优势所在。政府主导的生态补偿模式尤其具有合理性和必然性，也将在一定时期内保持生态补偿的主要地位。

新中国成立以来，我们党始终把南水北调作为破解北方缺水问题的关键一招，作为为民造福的重大任务，是初心所在，是民心所向。作为一项重大战略性基础设施，南水北调不仅包括了规划设计、工程建设等方面的繁重任务，还涉及水污染防治、水资源保护、征地移民等系统工作。党中央总揽全局、协调各方，统筹战略规划、组织协调、综合保障，集中经济资源、人才资源、技术资源支持南水北调工程，各部门、各地方和衷共济、通力合作，43.5万征迁移民顾全大局，数十万建设者齐心协力，一大批科研单位攻坚克难，形成了推进南水北调工作的强大合力。这是一个国家综合实力的充分体现，是社会主义制度集中力量办大事优越性的充分体现。

正如邓小平同志指出的，"社会主义同资本主义比较，它的优越性就在于能做到全国一盘棋，集中力量，保证重点"。习近平总书记强调："我们最大的优势是我国社会主义制度能够集中力量办大事。这是我们成就事业的重要法宝。"我国社会主义制度决定了广大人民群众在根本利益上的高度一致，全党全国各族人民围绕共同的奋斗目标，集中各个方面的力量，全国一盘棋、上下一条心，高效执行、有力推进，从而办成一件件大事。

水是最基本的民生条件，也最重要的发展命脉。解决好人民群众的缺水问题，始终是我们党治国理政的重要任务。自南水北调战略构想提出以来，饮用甘甜南水就成了北方亿万群众的梦想。党中央顺应群众期盼和呼声，通过顺利实施南水北调工程，均衡分配水资源，实现水资源的无差别供给，同时通过普惠性政策，缓解北方亿万群众之渴，充分体现了我们党以人民为中心的发展理念、全心全意为人民服务的根本宗旨。

南水北调工程不仅能够解决水资源"有没有"的问题，也有助于解决发展"好不好"的问题，工程的建成运行，形成了纵贯南北的新版"大运河"，建立了生产生活基本要素和重要生态产品交换的渠道和桥梁，形成了生态与经济发展良性循环，在国家层面实现了水资源的空间结构与城市化布局、农业发展格局、工业发展格局相匹配，为沿线地区高质量发展提供了强劲动能。

习近平总书记2021年5月14日在河南省南阳市主持召开推进南水北调后续工程高质量发展座谈会并强调，南水北调工程事关战略全局、事关长远发展、事关人民福祉。进入新发展阶段、贯彻新发展理念、构建新发展格局，形成全国统一大市场和畅通的国内大循环，促进南北方协调发展，需要水资源的有力支撑。要深入分析南水北调工程面临的新形势新任务，完整、准确、全面贯彻新发展理念，按照高质量发展要求，统筹发展和安全，坚持节水优先、空间均衡、系统治理、两手发力的治水思路，遵循确有需要、生态安全、可以持续的重大水利工程论证原则，立足流域整体和水资源空间均衡配置，科学推进工程规划建设，提高水资源集约节约利用水平。该讲话精神为构建适合中国国情的南水北调中线工程生态补偿机制指明了方向和基调。

政府主导的生态补偿尚有一定的局限性，在南水北调中线工程水源地生态补偿中引入市场化机制作为辅助措施十分必要。探索创新以政府主导、辅以市场化运行的路径，是目前探讨生态补偿机制的关键所在。

一、完善相关法律法规体系

生态补偿机制的规范与完善必须有相应的法律保障。应制定相关法律，将水源区保护生态环境的责任和受水区的生态补偿义务通过法律法规的形式加以明确，并协调各方在生态环境保护中的利益与诉求，确保生态补偿的合法性与权威性。南水北调中线工程水源地的市场化生态补偿有法可依、有法可循，是在中线工程水源地生态补偿中引入市场化机制的基础。在此基础上，兼顾各个地区正常的发展诉求，兼顾效率与公平，借鉴国外经验，结合中国国情，找到中国特色的跨流域调水生态补偿机制。

相关的法律体系问题在前文中多有提及和论述，此不赘述。

二、构建全国统一的平台，创新水权交易模式

水权交易模式的构建可以参考目前基本成熟的碳排放交易。碳排放交易是买方通过向卖方支付一定金额从而获得一定数量的碳排放权。通常情况下，政府确定碳排放总额，并根据一定规则将碳排放配额分配给企业。如果企业最终碳排放量低于其获得的配额，则可以通过碳交易市场出售多余配额来获利。反之，如果企业发现减排成本高于购买配额的成本，则到碳交易市场上购买缺少的配额。买卖双方通过碳排放权交易形成碳价，而通过碳排放交易，所有企业作为一个整体，以更低的成本达到了政府规定的减排目标。水资源初始产权的界定有赖于政府法律政策的规定，在产权明晰的条件下，水资源可通过市场交易实现二次分配，达到资源配置的最优效率。受水区根据水资源、用水量、经济发展状况等实际情况决定购买资格及购买的数量，以此完成水权的初始分配；允许存在二级市场，节约用水的地区可将富余水权出售给需求的地区，实现水权的再分配，受水区可以根据需要竞价购买。水权交易中的收益按照一定比例给水源地各地区作为补偿，从而实现优化水资源供给和保护水源地生态的目的。

碳环境容量的稀缺性是碳交易存在的基础，水权交易的核心也是如此。碳定价是帮助加速能源结构转型和减少温室气体排放的重要工具。通过温室气体排放指标和定价给社会发出高昂成本的明确信号，碳定价可以刺激对低碳技术创新的投资和多边合作，并在能源和气候政策之间创造协同效应。碳定价工具包括碳税、碳交易。碳税是对二氧化碳等温室气体的排放征税，碳交易是以市场为基础的碳定价工具，是一种以最具成本效益的方式减少碳排放的激励机制。[①] 碳交易市场制度体系的设计和实施，目的在于在整个社会层面帮助包括政府和企业在内的利益主体找到低成本、高效益的减排方式。碳价格可以影响运营成本，鼓励利益相关者减排并促进技术创新。

1997 年 12 月，《京都议定书》获得通过，这标志着全球各国对气候变化

---

① 蓝虹，陈雅函. 碳交易市场发展及其制度体系的构建［J］. 改革，2022（1）：57-67.

负有"共同而有区别的责任"已经成为共识。2005 年 2 月，《京都议定书》正式生效，标志着人类历史上首次以法规的形式限制温室气体排放。议定书就减排方式上达成四项共识，构建了全球碳交易市场制度体系，为世界各国建立国家级碳交易市场制度体系奠定了基础。根据《京都议定书》，碳交易的规则有以下几个关键。

①发达国家间可以进行排放额度买卖的"排放权交易"，即难以完成削减任务的国家，可以花钱从超额完成任务的国家买进超出的额度。

②以"净排放量"计算温室气体排放量，即从本国实际排放量中扣除森林所吸收的二氧化碳量。

③可以采用绿色开发机制，促使发达国家和发展中国家共同减排温室气体。

④可以采用"集团方式"，即欧盟内部的许多国家可视为一个整体，采取有的国家削减、有的国家增加的方法，在总体上完成减排任务。

此后，全球碳交易市场和各国的碳交易市场也逐步启动。综合来看，碳税与碳交易政策在减排目标确定性、减排成本确定性、调控范围、透明度和管理成本等方面各具相对优势。考虑现实碳减排政策的需要，运用兼容并蓄的思路，并行使用两种碳减排手段，从而扬长避短、优势互补，调整优化碳税和碳交易两者机制的契合度是探索碳减排政策创新的一个重要方向。[1]

目前我国试点碳交易市场已经运行 11 年（2011 年起在全国七个省市先后试点），重点排放单位的碳排放总量和强度都实现了下降。地方碳交易试点推进了碳交易产品的丰富，取得了较好的减排效果，为全国碳交易市场的建设和运行积累了经验。

在碳交易方面，有学者就碳交易市场发展及其制度体系[2]做了细致的研究。在水权交易方面，可以借鉴碳交易方面的成果，构建水权交易的市场与制度体系。

一是完善水权交易相关立法，让水权交易市场发展有法可依。二是发展多层次水权交易市场，通过区域协同实现水资源合理利用，提升水权交易市场的活跃度。在国家层面加强顶层设计，地方层面积极提供便利条件，鼓励社会力量加入水权交易领域，形成多层次、多元化的水资源利用协同效应，提升市场

---

①　傅志华，等．在积极推进碳交易的同时择机开征碳税［J］．财政研究，2018（4）：2 - 19.

②　蓝虹，陈雅函．碳交易市场发展及其制度体系的构建［J］．改革，2022（1）：57 - 67.

活跃度。三是创新水权交易工具，在碳交易领域，目前有碳基金、碳债券、碳期权等碳金融产品，金融领域的参与对碳交易市场的完善意义重大。因此，在水权交易工具方面，鼓励绿色投融资项目进入水权市场。为此，建议通过财政支持和政策引导，激发水权交易市场的发展潜力，促进水权易市场的金融化发展，通过放大水权交易权的金融属性，提高水权交易市场的流动性和市场活跃度。

三、优化区域间对口帮扶机制

在南水北调中线工程建设和运营过程中，为确保京津冀等北方受水区能够获得稳定而且优质的水源，中线水源区把建设生态保护水源置于优先位置，限制大规模、高强度工业化和城镇化的开发，与京津豫冀各受水区城市和地区相比较而言，水源区作出了巨大牺牲，丧失了许多发展机会。以淅川县为例，为了保护水质，自中线工程建设以来，先后关停企业 350 多家，取缔养殖网箱 5 万多个、畜禽养殖场 600 多家（户）。在国家多条红线的限制下，该县陷入"靠山不能采、临水不能渔"的经济发展困境。

但是从国家宏观层面上和保护水环境的角度看，又必须限制中线工程水源地某些产业，特别是重污染产业的发展。因此，持续加强和做好区域间对口帮扶仍然是重中之重。

南水北调中线工程是优化中国水资源配置、解决京津地区水资源短缺、促进经济社会高质量发展的重大战略工程，为保障水源区生态安全和水质达标并长期稳定，实现资源优势互补，促进水源区经济社会可持续发展，国家对南水北调中线工程水源区实行了对口协作政策。依据国务院文件《关于丹江口库区及上游地区对口协作工作方案的批复》（国函〔2013〕42 号），丹江口库区及上游地区，包括鄂豫陕的部分市县为水源区，京津冀为受水区。对口协作主要指受水区和水源区在生态环保、产业发展、社会事业等方面开展合作，共同构建南北互利共赢的区域协调发展新格局。

与对口协作相似的概念有：对口帮扶、对口支援，其概念和内涵相近，都是一种政策性行为，即经济或实力强者向经济或实力弱者实施援助的一种政策性行为，本文不做区别。经过多年的实践和发展，我国已探索出多种对口支援成功模式，如重大工程对口支援、边疆地区对口支援、重大突发灾害对口支援等，这些对口支援多是由中央政府主导，地方政府为主体开展的。

对口支援是发达地区对欠发达地区的一种经济帮助，从国家对各区域的宏观调控角度讲，它是一种定向的资源流动方式，被界定为"一种政治性馈赠"。对口协作虽然源于对口支援，但对口协作不等同于对口支援，它主要是由对口协作两地政府为主导、市场为主体的一种模式，涵盖了对口支援、对口帮扶和合作发展三层含义。经济发达地区不仅要支援帮扶不发达地区进行"输血"，而更重要的是加强合作、帮助"造血"，突出对口地区域优势互补，互利合作发展，增强不发达地区的自我发展能力。

对口协作源于20世纪70年代末提出的"对口支援"，伴随着当前南水北调中线工程的顺利完工和圆满调水而实施，对口协作实践已在南水北调中线工程的京鄂、京豫、津陕相关区域启动开展，一些对口协作也已经深化到了不同级别的行政区间，如京宛合作、京邓合作、京淅合作。协作地区主要通过政府推动、企业引导、社会各界积极融入，协作工作机制已初步建立，协作事业已全面铺开，合作平台已基本搭建，区县、学校、医院、园区等结对关系已确立，在农业、工业、商贸、旅游等重点领域战略合作框持续开展和进行，一批援助类及合作类项目已初见成效，总体实现了良好开局。

但同时还存在一些突出问题，如政府主导过多而对口协作企业的市场主体作用没有充分发挥，部分企业合作项目成效不突出；缺乏协同发展意识，合作项目谋划缺乏针对性；有些战略合作框架协议还停留在协议签订的阶段，跟进落实不够；用于援助建设类项目资金比重过高，而鼓励支持产业合作发展的项目资金比重小；对口协作层次范围有待提升拓宽，特别是与国家有关中央部委、央企的协作程度不够深等。

为推动水源区生态环境改善，确保调水水质永续安全达标，并促进水源区社会经济全面发展，实现水源区与受水区资源优势互补，长期合作双赢，区域协调可持续发展，必须探索建立科学高效地对口协作运行机制。

完善对口协作的法律法规，做好制度引领。对口协作对于南水北调中线工程水源区而言，是一项长期复杂和艰巨的工作。促使对口协作从政治动员向制度激励的转变，需要借助法律手段，保证其政策的连续性与稳定性。目前，我国尚无针对对口协作的法律法规，应将对口协作制度规范化、法制化，使其从政治任务转化为法律义务。出台法律文件、政策法规对其进行规范，以预防和治理对口协作实践中出现社会经济问题和矛盾冲突，尤其注意国家法律法规和地方规章制度的协调，保障国家对口协作政策的核心地位，保证国家有关对口协作法律法规的权威性。对口协作双方没有原生的行政法律关系，应通过政策法规，规定双方在对口协作中各自的权利和义务、协商机制和协作形式，使对口协作规范和程序化，并加强督导管理制约和监察考评制约。

明确对口协作的目标机制。明确对口协作的政策内涵、目标任务和工作方向，结合水源区和受水区的具体特点和实际任务，制订计划，有重点有步骤地开展。依据国家对口协作的政策精神，今后的对口协作实践应围绕以下几方面进行：一是以主动融入受水区协同发展大战略为基础，加强企业嫁接和产业转移，推动水源区社会经济快速发展；二是以深化经济技术交流合作、持续改善水源区生态环境为主旨，推进生态性特色产业发展；三是以技术管理协作，人才交流培训为重点，促进水源区科技水平的提高和人力资源的开发；四是与新型城镇化建设相结合，推动水源区城乡一体化发展。

完善对口协作的动力机制。对口协作具有经济意义和政治意义，是在政府主导、企业引导、社会各界参与下进行的。对口协作的有效实施，需要调动受水区和水源区部门、行业、企业的积极性，充分发挥经济部门、科技文化教育部门、医药卫生部门的作用以及工会、学会、协会的力量，共同构建和完善动力机制。激励因素是动力机制的基础，优惠政策、资金报酬、精神荣誉等是动力机制的主要构成部分。除国家政策引导外，通过制定优惠政策激励企业对口协作的积极性。鼓励受水区企业到水源区通过独资或合资开发资源，在政策上给予其优惠，对口协作工作人员减免个人所得税，对参与对口协作工作的先进集体或个人进行物质和精神奖励，发挥协作资金的引导作用。可从对口协作专项资金里预留奖励资金，对协作工作的实施效果进行综合评估，对优秀项目给予资金奖励。这样，能够极大提高项目效应和管理者的积极性，对优秀集体和个人或者对口协作的强力支持者的先进事迹进行报道宣传，对其进行精神鼓励，更加提升其工作的积极性。

巩固对口协作的保障机制。保障机制的功能是为对口协作提供组织和机构上的支持，保证其顺利开展。良好的保障机制能够协调对口协作双方的利益关系，能够提高协作效能，推动协作的持续化。相关部门应在现有的对口协作机构的基础上，加强组织协调，做好服务配套保障；要增强服务意识，在国家统一谋划的前提下，进一步规范市场经济秩序，保障受水区投资者的合法权益；研究协作区域发展重点，规划合作项目，加强信息引导，增强协作针对性；强化诚信合作意识，提高对投资者的吸引力；对参与对口协作的企业提供全面、细致、高效的服务，在政策咨询、信息交流、考察洽谈、协议签订等方面给予大力支持和配合。

四、着眼产业结构升级，探索水源地发展新模式

为保护生态环境，南水北调中线工程水源地各地区的发展受到了限制。然而限制开发不等于不开发，而是以维护丹江口库区生态功能为目标的保护性开发。在建设生态、保护水质的基础上，南水北调中线工程水源地各地区依然可以兼顾本地经济增长和综合实力提升，以自我发展来实现自我补偿。

南水北调中线工程的实施，对于加快河南省特别是水源区的产业结构调整和升级既是机遇也是挑战。在核心水源区的淅川县，南水北调中线工程对产业体系升级、产业结构调整影响巨大。水质和环保的高要求倒逼产业升级，淅川县坚持生态环保与节能降耗相统一，重点培育机械制造、冶金建材、医药化工、电力等科技环保型工业群。除了对传统工业进行改造升级外，重新对传统农业进行规划布局，大力发展金银花等中草药种植，建立蔬菜、柑橘、蚕桑等特色产业基地，既保持了水土，也带富了一方群众。

为了让京津人民喝上甘甜的丹江水，淅川县关停并转大大小小的企业有350家之多，经济损失在10亿元以上。仅要搬迁的企业就要7亿～8亿元的费用。2008年，淅铝集团投资10亿元加强技术改造，新上节能减排置换项目，可节电1 000度，排放量下降30%。该县还加快节能技改项目建设，重点包括以燃煤锅炉燃烧率和热效率改善为主要内容的改造工程，大型用电设备电能优化系统的节电改造工程等，仅2008年上半年，节能改造项目总投资就达4 000余万元，可节能量7.8万吨标准煤。

生产水泥的淅水集团原本是粉尘重污染企业，该企业投资4.5亿元淘汰旧生产线，上马了新型干法水泥生产线，有效解决了粉尘和噪声问题。每年该企业还就近消解其他企业生产的电石渣、铁合金炉渣等固体废弃物100多万吨，作为水泥生产的替代原料。该企业还计划利用水泥回转窑建设先进的垃圾焚烧项目，过去的"污染大户"如今成了"治污明星"。

位于淅川县的南阳泰龙纸业有限公司年实现税收500万元以上。这个企业每年上交县里的财政收入是2 600万元，是河南省纸浆产业第二大企业，其造纸原料主要是当地农村盛产的龙须草，为安置移民、促进农民增收发挥了巨大作用。但为了保护一江清水，2004年淅川县坚决关停了这家高污染的"龙头"企业。因为造纸厂的关闭，这几年县乡支柱产业没有了。泰龙公司的职工是2 300多人，经过多年来的自主择业，依然有不少人择业无门，每年还要给老弱病残的职工发城镇低保，对他们进行救助，这个经济账一反一正，浅显易懂，

说明水源地包括当地政府、企业在内各方利益群体在支持国家工程建设方面的主动担当。但是饮水思源，水源地的高质量发展仍需要包括受水区在内的社会各方面关注并支持，实现一渠清水永续北送，得以"青山有思，白鹤忘机"。

为保护水质和水安全，淅川县关停了大量的钒窑。淅川县钒矿储量丰富，资料显示，淅川县钒土矿资源量位居全国前列，全县 16 个乡镇中，11 个乡镇均有此资源分布，而且这些地方的钒土多是埋藏浅、易开采，交通条件相对发达，开采成本低。炼制钒土工艺简单，利润非常高。21 世纪初，淅川县民间曾经兴起钒土矿的私挖滥采和非法冶炼活动，一时间全县大小钒窑遍地开花，引得全国为之关注，成为舆论的焦点。炼钒会产生大量废气、废水，它们常未经处理就被直接排放，对南水北调中线工程的水质安全产生危害。2005 年，淅川县有关方面加大惩戒力度，对各种非法采矿的行为施以重拳，终于将这种"恶势头"打压下去。非法采矿、污染水源、恶化水源地生态，诸多利益驱动是其中的关键，把"绿水青山变成金山银山"，无序开采肯定行不通。但更重要的是要实现由堵到疏，实现矿产资源的有序开采。对于坐拥绿水青山的水源地人民而言，如何克服和突破"山不能采、水不能渔"的经济发展困境，是一个艰难的挑战。

产业转换的要求、确保水质的区域定位，迫使淅川县在发展的过程中积极探索新的发展路子，生态产业化、产业生态化，南水北调中线水源地生态经济蓝图渐渐展开。

化肥、农药、畜禽粪便产生的农村面源污染是总磷、总氮超标的重要原因。南阳市环保局为此推出了"环农工程"试点项目。在农村设立保洁员，收集生活垃圾、畜禽粪便，以它们为原料制成有机肥来替代化肥，并在一些移民新村设立无动力污水处理设施，保证农村生活污水达标排放。一些企业也主动加入治污队伍中，淅川县一家企业研制出"渠首神"有机肥，推广后每年使库区周边减少化肥使用 400 多万吨。南阳市积极创新治污模式，如西峡县宛西制药厂不仅投入巨资配备了先进的废水处理系统，用以处理生产医药生产终端的污染，而且把"第一车间"建在西峡县伏牛山中，用中药工业生产理念推动生态农业的发展，发展山茱萸中药材 GAP 基地 20 多万亩，并派驻技术员长期驻守在基地，对药农进行全方位的技术指导和管理。规模有序的基地建设，不但避免了药农盲目、毁灭性地开发药材资源，而且减少了水土流失，保护了物种的多样性，维护了生态平衡，使山更绿，水更清，被业界誉为"宛药模式"。

南阳市本地的牧原食品股份有限公司（以下简称"牧原"）是我国最大的

自育自繁自养大规模一体化的生猪养殖企业，曾经也是污染大户。从 2004 年开始，企业探索养殖废水处理方案，最初的技术由于氮指标难以达标而放弃。历时 4 年的技术攻关，该企业于 2008 年最终确定了粪污固液分离、厌氧发酵还田的模式，至此开启了新的畜禽粪污处理方式。这种"养殖—沼肥—绿色农业"循环模式在黄楝村推广实施，不仅营造了和谐的村企环境，而且取得了良好的生态效益、社会效益和经济效益。通过不断创新，牧原于 2009 年获得猪舍用漏粪地板国家专利，实现在整个饲养期不需冲洗猪圈，减少了清水使用量；2011 年牧原同步成立源头控水团队，在每个猪场、工段、猪舍安装水表，强化用水管理；2014 年牧原再对新建养殖场建设提高了防渗等级；2015 年 3 月，牧原研发的"干清粪"工艺得到环保部正式批复，打破了猪粪转化为有机肥的技术瓶颈。

在农村，淅川县大力支持沼气建设，通过综合运用国家项目资金、县乡村补贴小额贷款和农户"互帮互建""联户建池"、以劳代资等多种筹资渠道，使全县 3 万个家庭用上了沼气灶。寺湾镇水田峪村支部书记高兴地说："沼气点亮了村民的新生活，昔日烟熏火燎的'老虎灶'如今成了清洁、环保、节能的燃气灶，人畜粪便、柴草等投入沼气池，既节省能源，又美化环境。"

生态农业蓬勃发展，生态屏障染绿渠首。走进淅川县，处处绿意融融：山岭上是嫩绿的茶树，田野里是金灿灿的金银花，河滩地里竹柳依依。长江委水文局的最新监测表明，丹江口水库水质连续 6 年稳定保持 Ⅱ 类水质标准，首次连续 3 个月达国家一类饮用水标准。

经过不懈努力和持续的生态建设，库区缓坡地种上了金银花，河滩地栽上了湖桑、竹柳、柽柳枝、桑条、荆条、紫穗槐，山坡地则因地制宜发展茶叶、柑橘、薄壳核桃、软籽石榴等林果业，丹江口水库里养的是能净化水质的匙吻鲟。种植金银花，既防止水土流失，又降低企业成本，还使库区百姓增加收入，可谓一举多得。竹柳、柳条、荆条等植物不仅能吸收水和污泥中的磷素、硝态氮等污染物，而且还能够分解土壤中的重金属，在净化水质方面派上了大用场，另外这些植物还是重要的手工编织原料，可以为库区禁塑提供可靠而稳定的替代品，还可以为库区经济、传统工艺传承提供基础动力。为发展生态农业，淅川县出台了一系列优惠政策：加大财政补贴力度，首批发放奖补资金达 2 000 万元；协调银信部门降低信贷门槛，对种植大户及龙头企业给予信贷支持；整合农业、水利等涉农项目，为生态产业做好基础设施配套服务。

大力发展生态旅游。水源地做了非常大的牺牲，其所取得的效果是明显的。在产业转型中，生态旅游也是淅川县发展的新路子。无论哪个季节，淅川县都美不胜收，湖光山色，波光粼粼，春光荡漾，鸟语花香。所以淅川人可以自豪地说：观光旅游生态养老请来淅川。淅川县沿县城至南水北调中线渠首建设了一条 60 千米长的生态观光走廊，以提升旅游品位，加快渠首高效生态经济示范区建设进程。通过产业结构升级和发展新模式的转变，南水北调中线工程水源地生态保护的过程演变成了生态产品的市场化生产过程，所获经济利益形成了一种自我补偿，将其再投入到生态建设之中，便可形成经济与生态之间相互促进、相互互动的良性循环，为南水北调中线工程水源地的生态保护提供了持久长效的动力。

第 五 章

南水北调中线工程与河南省生态
环境纠纷解决机制的创新发展

　　南水北调中线工程作为跨流域、跨区域协作的重大水利工程，是我国具有战略性意义的调水引水工程，对促进沿线经济社会发展和生态环境保护发挥着重要作用。工程复杂性以及涉及主体的多样性，使得流域内的纠纷呈现出涉及范围广、影响程度深的特点。例如，流域内各用水单位之间的用水矛盾问题、取水权问题、生态补偿问题、移民征迁问题、生态环境损害赔偿问题以及环境保护问题等。如何处理流域内纷繁复杂的矛盾纠纷，探索创新纠纷解决路径，以助推河南省高质量发展，需利用现有纠纷处理的方法问题结合地方实践经验不断加以完善。

　　生态纠纷解决机制是指各类主体在适应环境过程中因违法、违约等行为引发的纠纷的解决机制。此类纠纷的主体主要有政府、社会主体、市场主体，纠纷解决与纠纷是归属于不同层面的概念，纠纷是对客观存在的社会现象的一种静态描述，而纠纷解决则是主体对客观存在的纠纷进行主观改造的属于实践层面的动态过程。①

　　纵观纠纷解决历史发展脉络，人类社会解决矛盾基本依照两种路径：一是靠内力解决，即纠纷当事人就如何解决纠纷进行商议，最终达成合意；二是依外力解决，在纠纷当事人不便或不能自行解决纠纷时，需要由第三方就纠纷如何解决作出一定的指示，作为终结纠纷的方式②，当事人按照这种方式决定纠

---

　　①　陈佩．社会自治中的纠纷解决机制研究［D］．北京：中共中央党校，2016.

　　②　棚濑孝雄．纠纷的解决与审判制度［M］．王亚新，译．北京：中国政法大学出版社，2004：10－14.

纷如何解决。纠纷复杂，随之产生的解决方式种类多样，例如诉讼、调解、仲裁等。从国外的生态环境纠纷解决方式来看，各国均注重解决机制的构建。美国在诉讼机制外，鼓励政府运用调解、协商、仲裁以及其他方式及时解决纠纷，也鼓励在诉讼中使用 ADR 制度（以非诉讼方式解决环境纠纷的所有法律制度的总称）。韩国和日本将环境纠纷解决机制分为诉讼处理和行政处理两大部分。其中，日本的行政处理主要是通过向市町村的市民相谈室、都道府县公警察署、保健所、法务局的人权维护机关等投诉、反映情况，通过这些机关在事实上的斡旋或劝告使纠纷得到解决。①

目前，我国处理生态环境纠纷已经形成以诉讼为主，调解、协商、仲裁等多措并举的总体思路。2022 年 3 月 30 日，河南省第十三届人民代表大会常务委员会第三十一次会议审议通过了《河南省矛盾纠纷多元预防化解条例》，从矛盾纠纷预防、矛盾纠纷化解、保障与监督等几个维度规范了矛盾纠纷多元预防化解工作的运作方式。与南水北调中线工程中的生态环境纠纷的解决方式相契合，从工程生态环境纠纷的具体面入手，健全完善多元化纠纷解决机制，能够积极有效地化解环境纠纷。

第一节　南水北调中线工程生态环境纠纷解决现状

生态环境纠纷的解决手段多样，主要有诉讼和非诉两大方面。其中非诉手段中，又包含调解、仲裁、协商和谈判等方式，进一步可以将调解划分为司法调解、行政调解、人民调解。以官方性机制和民间性机制作为划分纠纷解决机制的标准，我国的环境纠纷解决手段既包括法律诉讼、司法调解、行政调解等官方主导的司法手段和行政手段，又包括直接协商谈判、人民调解、民间仲裁、利益相关者圆桌对话等民间主导的社会手段。② 各种生态环境纠纷解决机制适用于不同的问题，也在解决不同种类的问题上发挥不同作用。在采用不同的解决手段（方式）时，需要考虑此种方式的局限性。例如，通过诉讼方式解决环境纠纷时，要考虑配套实体法与程序法是否健全，以及由于法律供给不足可能导致的起诉资格过窄、立案要求过严、程序存在漏洞等实际问题；采用行

① 原田尚彦. 环境法 [M]. 于敏，译. 北京：法律出版社，1999：36.
② 郭红燕，王华. 我国环境纠纷解决机制现状与改进建议 [J]. 环境保护，2017 (24)：44-48.

政处理方式，例如行政调解、协商时，要考虑其背后依据的法律文件是否齐全，法律文件的效力的强弱，同级或不同级别行政规范的处理，以及处理后的执行力问题；采用民间性的处理手段时，例如人民调解等方式，要考虑产生的调解书当事人是否能自觉主动实现，仅依据民间不加以强制力的执行保障等问题。①

一、以诉讼方式解决各类争端

纠纷解决是社会实践中普遍存在的现象，作为一个学术概念其是一个"舶来品"，其与西方国家"接近正义"理念紧密联系，要求纠纷的解决不仅要追求"量化的正义"，还要实现"实质的正义"。②诉讼作为解决纠纷的重要手段，在解决生态环境问题上也发挥着良好的效果。

据河南省高级人民法院 2020 年 6 月召开新闻发布会的通报，2018 年至 2021 年 6 月，河南省各级人民法院共审理涉及南水北调工程的各类案件 2 200 余件。其中主要涉及以下五类：一是涉南水北调工程建设犯罪。该类多为妨碍南水北调工程建设顺利实施的刑事犯罪，其中包含阻挠、破坏南水北调工程建设，贪污、侵占南水北调工程款，虚报移民补偿款等犯罪行为。二是南水北调沿线污染水源、破坏生态违法犯罪。三是为保障行政机关依法履行职责，涉及南水北调干线工程的污染防治、移民搬迁、土地征收等各类行政案件。四是移民安置相关民事纠纷。五是涉及南水北调水源地生态环境案例。

例如，涉及修复类的相关案件，为了切实保护水源地水质和水生生物的多样性，南阳市淅川县人民政府发布禁渔通告，确定丹江口库区的渠首常年禁渔区，禁止使用 8 厘米以下网具等违法违规渔具进行水产品捕捞。2019 年 9 月 1 日 19 时许，被告人王某林、曾某云夫妇携带渔网到丹江口库区一类水源保护区内的淅川县香花镇东岗村水域捕鱼。捕鱼过程中，王某林负责驾船，曾某云将携带的两个渔网全部撒入丹江口库区之内。次日凌晨 2 时许，被告人王某林、曾某云夫妇驾船到库区内收网，在返回上岸时被执勤民警当场查获。经测量，被告人王某林、曾某云使用的渔网网眼为 2.5 厘米左右。后经淅川县人民法院审理认为，被告人王某林、曾某云在禁渔期内使用禁用渔具在禁渔区内捕捞水产品，被告人的行为均已构成非法捕捞水产品罪。在案件审理过程中，被

① 孟甜. 环境纠纷解决机制的理论分析与实践检视 [J]. 法学评论，2015（2）：171-180.
② 莫诺·卡佩莱蒂. 福利国家与接近正义 [M]. 刘俊祥，等译. 北京：法律出版社，2000：1-3.

告人王某林、曾某云夫妇认罪悔罪，自愿通过淅川县水产管理部门购买了 4 万尾鱼苗投放于丹江口水库内，以增殖放流的方式对其破坏的生态环境资源予以修复，依法应予从轻处罚。据此，淅川县人民法院以被告人王某林、曾某云犯非法捕捞水产品罪，均判处罚金人民币 3 000 元（已缴纳），并对被告人王某林、曾某云的犯罪工具渔网予以没收。① 人民法院在审理相关案件中，充分发挥司法职能，处理相关案件数十起，并监督 10 名非法捕捞水产品的违法行为人在丹江口库区和白河内放流鱼苗 20 万尾，促进了生态环境的实质修复治理。

类似的案件还有"侯某丛非法狩猎案""非法狩猎罪李某公益诉讼案""岳某、刘某有毒物质污染环境案"等。通过司法途径直接打击生态化环境污染类案件，采取对环境资源犯罪零容忍的态度，严惩犯罪分子，充分利用法律的强制力与执行力解决影响人民群众用水安全权和生存权的纠纷，通过解决纠纷，发挥人民法院环境资源审判的惩治和教育功能，对潜在的污染者进行有力震慑，从而达到减少相关问题再次发生，在定纷止争的同时，践行生态修复理念，确保一渠清水永续北送。

除此之外，河南省各级法院不断探索完善环境资源审判制度机制。一是积极探索跨省保护南水北调水源地司法协作机制。2020 年 6 月，淅川县法院联合湖北省丹江口市法院、陕西省洛南县法院等环丹江口水库三省六地基层法院建立了联席会议制度，共同签署《建立司法联动机制协同为南水北调中线工程水源区生态环境资源保护提供司法保障的意见》，依法保障水源地水质和水库周边生态安全，该联动机制被写入最高人民法院《长江流域生态环境司法保护状况白皮书》。2020 年 4 月 28 日，河南省、湖北省、陕西省三省高院共同签署《环丹江口水库生态环境保护与修复环境资源审判协作框架协议》，建立省级层面的环丹江口水库环境资源审判协作机制，协调解决环丹江口水库环境资源审判工作重大事项，为丹江口库区高质量绿色发展提供更加优质高效的司法服务和保障。二是建立司法保护基地。2018 年，河南省高院、郑州市中院、荥阳市法院与南水北调中线工程建设管理机构，共同建立南水北调中线"穿黄"工程司法保护示范基地，深入开展水环境保护、水污染防治、运行管理秩序维护等司法合作，共护南水北调"穿黄"工程良好运行。2020 年 12 月 29 日，淅川县法院与丹江湿地国家级自然保护区管委会共同建立丹江湿地司法保护基地，集惩治、教育、修复等功能于一体，为保护库区生态环境进行有益探

---

① 王建芳．筑牢"南水北调"司法屏障［N］．河南法制报，2021－06－07（16）．

索。三是广泛开展宣传教育。全省法院利用每年"世界环境日""节能减排周""水周"等重要时间节点开展环保宣传活动，利用广播、电视、网络、报纸等多种形式、多角度深入宣传环保法律法规，增强群众对南水北调工程重要意义的认识，树立服务大局绿色发展理念。①

以诉讼的方式解决生态环境纠纷，是南水北调中线工程河南省内最主要的纠纷解决形式，也是最有效的解决方式。通过生态环境纠纷的司法裁判，既能达到定纷止争的功效，同时又可以达到良好的宣传教育目的，是构建完善的纠纷解决机制中重要的一环。

二、以非诉手段化解多方矛盾

从另一个角度来看生态环境纠纷，可以理解为环境主体通过双方合意或者由第三方介入裁判的方式，消除彼此间的矛盾与冲突，以环境公共利益的保护为目的，达到合作治理的状态，最终共同致力于修复受损生态环境，或对受损生态环境进行赔偿的过程。在这个过程中为了使已经外化的冲突得以消除，各主体在政治体制允许的前提下、在不违反法律禁止的基础上，可以通过充分的沟通与协商，将问题采用非诉方式进行解决。一方面，采用非诉方式解决纠纷时效快、范围广；另一方面，经过充分的沟通、协商和合意或由第三方裁决，纠纷各方在恢复对彼此信任的基础上能够积极履行义务，从而实现生态环境的保护以及公共利益的最大化。

以调解解决生态环境纠纷案件为例，2017 年中秋节假期期间，一名民工在河南省大石桥乡横沟村易地搬迁扶贫安置点施工过程中意外死亡，死者家属受人教唆，向施工单位提出高额赔偿，并纠集人员要到县政府围攻闹事。淅川县司法局工作人员陈廷昌晚上八点多钟，受乡党委政府委托赶赴现场调解。在掌握事情详情后，随后将亲属、施工单位、政府代表三方到现场进行调解。由于死者是在歇工休息过程中，在厕所内死亡，施工方不愿承担高额的赔偿费。家属认为人是在工地上出的事，施工方必须承担全部责任，双方意见分歧很大，无法达成共识，调解陷入僵局。为能快速解决双方矛盾纠纷，同时不影响施工进度并妥善解决纠纷，工作人员跟施工方协商，先行给付 2 万元丧葬费，让死者家属安葬尸体。在死者家属拒绝后，工作人员邀请村干部及村内明理德高的乡邻共同到调解现场进行劝解与政策解释，最终三方达成协议。陈廷昌几

---

① 周青莎.司法力量护清水北上［N］.河南日报，2021－06－06（3）.

年来，前后共组织了近 600 次矛盾纠纷排查，调解各类矛盾纠纷案件 450 多起，调成率达 99%。

从采用调解手段解决生态环境纠纷取得的良好结果不难看出，采用非诉手段化解纠纷，需要提升纠纷双方以及介入的第三方的信任，如果涉及政府部门，则需要政府部门在长期的环境治理以及日常工作中建立起良好的公信力。在多方互信的基础上，主体不断增强的参与能力和市场主体逐渐形成的自我规制三者相互作用，在纠纷发生后，不同主体根据一系列规则，依据可遵循的流程与可实操的手段，消除彼此之间的冲突，对发生的损害进行救济，对破坏的环境进行修复。

河南省不断探索南水北调工程生态环境纠纷解决机制，《河南省矛盾纠纷多元预防化解条例》的出台也为完善纠纷解决机制提供了重要的法律参照。除此之外，有关环境制度制定和实践对环境治理纠纷的解决有重要作用。例如，在跨行政区环境治理中，通过缔结区域合作协议实现区域环境法治的协调，通过政府间协商实现矛盾的有效化解，如生态保护补偿制度建立在政府间充分协商、沟通的基础之上。

非诉纠纷解决的纠纷对象既可以是双方当事人之间的行为，也可以是当事人在中立第三人的参与主持下进行的活动；既可以通过民间社会力量，也可能需要依靠国家权力及其职权行为实现。①

第二节　生态环境纠纷解决机制需进一步理顺

南水北调生态环境纠纷种类多样，涉及非法捕捞、非法狩猎、行政处罚、行政补偿、土地承包、建设工程等多种类型。以南水北调中线工程水源地南阳市为例，根据河南省南阳市中级人民法院在召开的环境资源司法保护新闻发布会上通报的全市法院环境资源审判工作基本数据情况，全市两级法院共受理各类环境资源案件 1 703 件，其中刑事案件 920 件、行政诉讼案件 376 件、非诉执行案件 225 件、民事案件 117 件、公益诉讼 44 件。单从司法在服务保障南水北调工程上看，各类案件涉及主体多样，案件类型复杂。

从主体的角度看，参与生态环境主体呈现出多元化的特点。主体的多元化意味着不同主体涉及的权利义务关系不尽相同，而不同主体地位也必须在具体

---

① 范愉，李浩．纠纷解决：理论、制度与技能［M］．北京：清华大学出版社，2010：14.

权利义务关系中体现。当前我国参与生态环境活动的主体可以划分为国家、政府、社会组织、企业、普通公民等，他们肩负环境治理的责任。具体细分，又可以将政府划分为地方政府、国务院授权的省级、市地级政府，社会主体一般为环境 NGO（非政府组织），市场主体包括企事业单位和个人（个人也是指市场经营主体）、第三方治理主体等。以上主体在发生纠纷时产生更为复杂的关系，形成更多的纠纷主体。例如，事业单位和个人与第三方治理主体，环境 NGO 与市场主体，政府与市场主体，检察机关与政府，检察机关与市场主体，个人与个人等。在纠纷解决中，相关纠纷主体同时构成解纷主体。而解纷主体也不仅仅有上述参与主体，环境纠纷最主要的解纷主体是法院。法院以审判者的身份作为解纷主体，在环境纠纷解决中发挥着重要作用。在环境治理纠纷解决中，政府是环境治理中的纠纷当事人，同时也基于纠纷主体的地位成为纠纷解决的主体。

一、环境纠纷协调解决机制不健全

协调是上级政府就发生在不具有隶属关系的地方政府间的环境纠纷，对纠纷各方进行劝说、调停，促使其进行协商，自愿达成协议，消除纠纷，或者在无法经协商自愿达成协议的情况下，通过行政裁决的方式消除纠纷的活动。①《中华人民共和国环境保护法》第 20 条中规定"跨行政区域的环境污染和生态破坏的防治由上级政府协调解决"，给予协调解决生态环境纠纷的合法性。南水北调中线工程跨越地区较广，涉及不同行政区划，流域内的环境治理与生态保护问题需要各地政府通力协作。

（一）协调法律关系主体需进一步明确

依据《中华人民共和国环境保护法》规定，跨行政区域的环境污染和生态破坏的防治，由上级人民政府协调解决。从中可以看出，在协调解决生态环境纠纷中，争议双方和上级地方政府在协调法律关系中为基本主体。而《中华人民共和国水法》中，纠纷解决先由争议双方即地方政府间协商解决，在协商不成时，由上一级政府进行裁决。上级政府与上一级政府在范围上有区别，上级政府包含上一级政府，并且上级政府所含的层级更多；从另一角度看，上一级政府是争议双方共同上一级，上级政府不局限于共同的上一级。按照级别管辖的原理，各级政府对自己所管辖领域内的生态环境需要负责，更高层级的政府

---

① 卢群．我国环境治理纠纷解决机制研究［D］．南昌：南昌大学，2019.

当然对纠纷享有协调的权利。并且，若争议双方政府不同级，则确定共同上一级协调主体存在难度，选择上级政府更为合理，具体内容如图5-1所示。

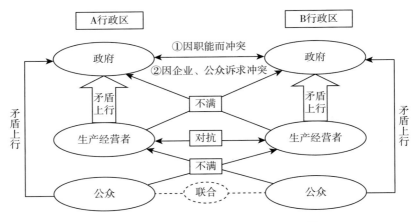

图5-1　区域环境纠纷主题及纠纷关系①

首先，由于协调法律关系中的各方主体存在领导与被领导的关系，很难保证上级政府在协调时保持中立地位，一旦无法保持中立，容易产生偏袒行为，甚至出现强者愈强、弱者愈弱的"马太效应"。其次，南水北调中线工程作为国家重点工程项目，工程流域内地方政府间具有统一的制度可参照执行。该区域内的纠纷也可按照普通协调手段进行。同时，南水北调中线工程设置专门的行政管理机构，从中央层面的水利部及所属各司，到受水区各层级的管理处，统一负责各区域内建设管理工作。虽然在相关单位的职责中并未含有纠纷解决内容，但在实践中可否在政府协调解决争议时加入，值得探究。

（二）协调程序运行相关规定不足

针对协调的启动程序，法律规定在地方政府无法达成协议时，由上级政府协商。上级政府协商的启动程序并未规定应由谁作为协调程序启动的主体。从实现纠纷解决的前提出发，可由发生纠纷的一方提出，或由发生纠纷的双方提出，或通过上级政府以发出建议的方式启动。不同的启动方式可能会影响到纠纷最终解决的效果。

此外协调程序的运行，关键在于作为纠纷双方选择在政府之间协商还是与

① 肖爱．整体性协作：区域环境纠纷解决机制的新视野［J］．中南大学学报（社会科学版），2019，25（5）：62-70．

上级政府协调，这是两种平行的解决方式，二者如何衔接，需要通过相关规定进一步完善。

二、环境纠纷磋商解决机制适用不充分

2015 年 12 月，中共中央办公厅、国务院办公厅印发了《生态环境损害赔偿制度改革试点方案》，首次规定了磋商制度。磋商作为诉讼的前置程序，是与诉讼并列的、独立的纠纷解决方式。其设定的目的是为了让纠纷在诉讼程序前得到解决，不仅减轻司法压力，同时可以快速获得生态环境损害赔偿，使受损的生态环境得到修复。南水北调中线工程作为保障沿线地区群众用水的民生工程，沿线生态保护问题至关重要，一旦受到污染和破坏，不仅要严惩相关责任人，更要保证受损地区快速恢复。通过磋商达成一致的协议书具有与通过诉讼程序得到法院的判决书同样的效力，协议包含有确定的纠纷解决方案，从而实现定纷止争的作用。由于生态环境损害赔偿制度在我国还处于试行阶段，磋商制度实施以来各地不断总结经验、积累成果，形成了一系列具有地方特色的规定，但作为一种独立的纠纷解决方式，还存在许多制度上的不足，需要进一步明确。

在生态环境损害赔偿磋商制度中，政府作为赔偿权利人，在纠纷解决中的法律地位不明确，影响其作为解纷主体参与纠纷解决过程中的权利行使。磋商与相关程序的衔接不畅，将影响环境纠纷解决机制的运行效率。

（一）磋商机制的实体内容不充实

首先，磋商主体不够多元化。改革方案规定的主体仅包括赔偿权利人和赔偿义务人两类，忽视了需要加入第三方。第三方的参与有利于赔偿权利人与赔偿义务人之间达到利益平衡。同时，赔偿权利人和赔偿义务人的具体范围仅有概括性规定，限制了对赔偿权利人和赔偿义务人的认定。其次，磋商内容没有具体化。磋商结果由内容决定，损害事实与程度是否能够由专业的环境损害鉴定机构出具，赔偿范围是否按照不同损害类型评估，责任承担在细化的基础上能否增加可选性，都是需要考虑的因素。最后，行政机关自由裁量空间过大。在磋商机制中，行政机关就责任承担方式、履行期限等具体问题行使自由裁量权，实际操作中缺乏法律规制以及公众监督。

（二）磋商机制的程序问题需要规范

首先，磋商程序启动程序具有单项性。磋商程序由赔偿权利人向赔偿义务人主动提出，而赔偿义务人是否能向赔偿权利人提出磋商尚未规定，这使得磋

商机制只是单项选择。这种单项选择，让磋商机制的启动完全由一方掌握，制度设计初衷是为了保障赔偿权利人的索赔权。但是，磋商机制单项导致的最主要矛盾是，一旦赔偿权利人不选择磋商，该机制的运行直接受阻，单项选择性磋商将无法达到制度设立初衷。现实中，赔偿义务人有很高的意愿进行磋商，避免诉讼带来的时间和成本的增加，而赔偿义务人又无法向赔偿权利人发出协商邀请。其次，磋商程序开始后，对赔偿义务人的异议权规定不足。依据改革方案的规定，在赔偿权利人向赔偿义务人发起磋商邀请并送达赔偿意见书后，若赔偿义务人有异议，则进入磋商环节。但改革方案是否规定赔偿义务人可对生态环境损害鉴定评估提出异议更为重要，该报告是赔偿义务人需要承当责任的主要依据，由赔偿权利人单方面组织评估，无法体现赔偿义务人意志。最后，磋商制度与环境公益诉讼之间存在衔接问题。磋商是诉讼的前置程序，换言之，在不能磋商或磋商未果的情形下，纠纷进入诉讼环节。但是，现实存在的问题是，人民检察院和有资格提出公益诉讼的环保组织可以针对生态环境案件提起公益诉讼，此类公益诉讼由于原告并不是赔偿权利人，也就不存在前置的磋商程序。磋商的前置程序针对的是政府提出的生态环境损害赔偿诉讼，此时磋商与人民检察院及环保组织的公益诉讼之间存在衔接问题。

三、环境纠纷"三审合一"诉讼制度实质适用有待提高

生态环境纠纷涉及领域多，案情复杂的特殊性使得传统的刑事、民事、行政分离的审理机制与程序在应对环境资源案件方面无法满足实际需求。为了适应新形势，我国创新环境司法审判机制，将刑事、民事、行政审理合三为一，即"三审合一"。环境资源案件的"三审合一"是指在诉讼中将与环境相关的民事、行政、刑事案件交由独立建制的审判机构审理，不再交由不同法庭审理，以期对生态环境资源形成立体、综合性的保护。表5-1为"三审合一"规范。

表 5-1 "三审合一"规范梳理

文件名称	发文单位	发布日期	内容
《关于全面加强环境资源审判工作为推进生态文明建设提供有力司法保障的意见》	最高人民法院	2014 年 6 月	积极探索环境资源刑事、民事、行政案件归口管理

（续）

文件名称	发文单位	发布日期	内容
《关于深入学习贯彻习近平生态文明思想为新时代生态环境保护提供司法服务和保障的意见》	最高人民法院	2018 年 6 月	充分发挥环境资源刑事、民事、行政审判合力，探索由环境资源专门审判机构或者专业审判团队审理的"二合一"或者"三合一"工作模式
关于黄河区域和长江区域两个人《意见》	最高人民法院院	2020 年 6 月、2021 年 2 月	完善环境资源刑事、民事、行政案件"三合一"归口管理

相对于"三合一"归口管理模式来说，"三审合一"模式范围更小。作为归口管理的重要部分，"三审合一"模式的完善，对生态文明建设、生态保护、流域治理方面同样意义重大。南水北调水源地南阳市中级人民法院于 2019 年 4 月成立专门的环境资源审判庭，实现刑事、民事、行政环资案件"三审合一"的归口审理模式，为加强专业业务指导，提升全市环境资源审判专业化水平，开展了大量实践工作。各地方也基于中央对基层法院内设机构改革数量的限制和便于院务管理的原因，从最初采取各业务庭抽调人员组成松散合议庭的模式审判环资案件，到后来探索组建了专门的环境资源审判团队，在内部指派专人对涉生态环境资源保护类案件采取"三合一"的审判模式，集中审理所有环资刑事、行政、民事案件，实行环资案件专案专审。

（一）对"三审合一"模式的定义理解不全

"三合一"制度在水源地法院的实施时间较短，积累的经验不足，这会导致法院对"三合一"制度的片面化理解，即只将与环境资源相关的民事、行政、刑事案件统一归口于专门法庭审理，忽略了环境资源案件的交叉类型归口的真正含义，最终造成实践表现与制度设想各异。当然，造成法院在生态环境纠纷案件"三审合一"理解上的错误，其根本原因在于立法缺失。目前，还没有一个正式的法律规范能够体现"三审合一"的法律地位，更没有一部立法或规范性文件对其如何操作进行解释。完全是从实践中来再到实践中去，从贵阳模式的创新到全国的普遍尝试，始终是实践指导实践，尚未形成系统的理论。实际上，仅靠实践是无法完整定义"三审合一"的内涵的。在实践还没有能以一种完美的形式来表达出"三审合一"内涵的时候，即没有出现理论来完美地定义并指导实践基础时，法院在理解上更偏向于一种"稳"的心态。在形式上实现环境资源民事、行政、刑事案件的归口管理，将案件集中在专门的审判组织内，而在实质上仍旧沿用传统三大诉讼法的审判程序。

（二）诉讼程序实质整合程度低

从 2007 年贵州省清镇市第一例案件"三审合一"起，其他地方法院相继效仿并出台相应的规范性文件，但文件强调的内容着重在概念、原则、管辖等外部制度上，未涉及审判核心及该如何构建于内部程序。[①] 当然，在具体内涵还不明确的情况下，不涉及内部程序更加稳妥，也比较符合现实需求。而如今，经过长期的试点，各地方法院也已经通过实践积累起内部程序的构建经验，如果始终只是涉及外部制度，注重形式规范，环境资源案件的"三审合一"甚至环境司法专门化的正当性和必要性就会受到质疑。现阶段，在审判机制上也做了一定的整合。首先，环境资源案件管辖上建立与行政区划分离制度，最著名的是以长江、黄河流域为核心建立的流域审判机制，实行归口管理。目前看来，立法、机制整合对"三审合一"模式的未来发展是不够的，诉讼程序的实质整合还需提高，更需细致。

四、公众参与制度仍需完善

在环境纠纷解决中，需要重视公众参与。在南水北调中线工程中，社会公众、环保组织不仅仅是参与者，更是主角。在关键问题上，要将其与政府置于相对平等的地位，将公众参与制度作为解决纠纷的重要制度。

本文整理近段时间南水北调河南省内的纠纷，结合河南省高级人民法院发布的南水北调典型案例，发现纠纷较多，影响较大的依旧是有关治理、管理等方面的问题。面对环境治理过程中政府和市场失灵和滞后的困境，必须全方位引入社会主体参与。公众参与作为《中华人民共和国环境保护法》基本原则之一，体现在环境问题的方方面面，在具体各项纠纷解决机制中都需要有公众参与。为了落实公众参与，国家先后出台了《环境治理公众参与办法》《环境影响评价公众参与办法》等法律文件，对公众参与环境保护公共事务活动的知情权、参与权、表达权和监督权等权利予以保障。参与权、表达权是社会公众在参与实现纠纷解决中的最为重要的权利。常见的公众参与路径包括听证会、座谈会、专家论证会、信访等方式。但是，以上述方式开展纠纷解决，许多活动是由政府组织启动的，公众的参与需要政府铺设路径。同时，在社会公众参与纠纷解决时，还面临着参与效力的问题，政府只是听取社会公众对纠纷解决的

---

① 陈海嵩. 环境司法"三审合一"的检视与完善［J］. 中州学刊，2016（4）：55 - 60.

意见和建议，最终的决定权还是在政府，公众在纠纷解决中所应有的决策权利并不能体现，这使得公众参与制度在纠纷解决过程中的实效难以得到发挥。

（一）社会公众参与纠纷解决的效能不足

社会公众以参与方式实现纠纷的解决。有关环境保护的公众参与较多集中在决策的制定上。政府在决策前充分听取群众意见，确保决策符合实际，从而有助于决策执行并减少因决策失利引发的矛盾纠纷。纠纷产生前的公众参与是为了将纠纷扼杀在萌芽阶段，而纠纷产生后的公众参与则是政府与公民关系的重构、重拾信任的过程。就制度层面来说，作为基本原则的公众参与原则在相关的各主要环境法典中均已确立。因此，《环境保护公众参与办法》又明确了公众参与的具体办法，例如征求意见、问卷调查、组织召开座谈会、专家论证会、听证会等。不难看出，发动的主体均为政府部门，需要政府发挥主动性收集听取民意。公众参与的方式，从时效性上大致可分为两类，第一类是积极采用征求意见、问卷调查类的方式，通过一段时间积累起较多的反馈，从而达到集思广益的效果，但容易造成时间线长的问题。纠纷解决讲究效率，避免迟到的正义，而解纷的过程需要纠纷主体之间针对争议焦点进行即时互动，但时间过程较长的参与方式就纠纷解决的适用角度上来说并不能发挥出良好的效果，加上互动性较差，因而难以成为合适的纠纷解决方式。第二类公众参与的方式在时间上则较为及时，例如座谈会、治政会以及信访等。这些方式可以让参与的公众及时对纠纷本身发表看法，使社会公众代表充分表达意愿和提出纠纷解决的方案，与地方政府一起解决环境治理纠纷。但是，实践中，社会公众参与权得不到保障、话语权得不到落实，公众参与仅仅只是参与，参与只体现在过程中，无法或不能确定落实在解决实际纠纷的问题上。

（二）公众参与边缘化

《中华人民共和国环境保护法》将公众参与列入必须遵循的原则之一，公众参与到环境决策中的路径由不同的法律条款固定下来，表5-2为公众参与的相关法律法规及主要内容。

从表中可以看出现有的公众参与方式是多样的，公众根据现实的需求参与进纠纷解决的过程中。但是在具体的解纷过程中，例如流域环境纠纷非诉解决中，以前文中提到磋商机制为例，赔偿权利人和赔偿义务人就生态环境损害的事实、修复方案等进行磋商时，对于具有专业知识的专家介入磋商环节，并针对生态修复的成本和方式进行个案建议的权利规范仍属空白。公众参与纠纷程度过弱难以实现公众对环境权的诉求。

表5－2　公众参与相关法律法规及主要内容梳理

部分公众参与形式		
法律名称	法律条款	具体内容
《中华人民共和国环境保护法》	第56条、第57条、第58条	征求意见、举报、诉讼
《中华人民共和国环境影响评价法》	第5条、第11条第1款	听证会、论证会、征求意见
《中华人民共和国水污染防治法》	第11条、第99条第2款	检举、诉讼
《中华人民共和国土壤污染防治法》	第13条	专家审查、论证、征求意见
《环境影响评价公众参与办法》	全文	征求意见、座谈会、论证会、听证会、环境影响评价后跟踪

第三节　生态环境纠纷解决机制完善

纠纷解决机制能否发挥实效，还要看具体的纠纷解决制度等是否符合正义。纠纷解决机制的公正与效率是纠纷解决机制的两个重要维度。从纠纷解决的微观维度来看，就是要保障纠纷主体参与纠纷解决，确保纠纷解决者的正当性、权威性、中立性以及所依据的规则具有确定性。

一、持续推进环境纠纷解决的协调机制

（一）明确协调法律关系中的主体

作为纠纷主体的地方政府，当然是协调法律关系的主体。地方政府参与地方环境治理，肩负处理纠纷的职责，而生态环境纠纷涉及范围广，可延伸空间大。当相邻或不相邻地区之间发生矛盾纠纷时，地方政府在协调环节中既扮演纠纷主体又扮演解纷主体。除此之外，发挥主要作用的协调机关理解为"上级政府"更为合理。上级政府作为地方政府间环境治理纠纷的协调主体，一方面是基于行政管辖权，即上级政府与下级政府的领导与被领导的关系、指导被指导的关系、命令与服从的关系。另一方面是上级政府对本行政区域内的环境治理也负有责任，其也是行政管辖区域的治理主体。因而，在协调解决纠纷过程中上级政府具有双重身份。

由于协调法律关系中的各方主体存在领导与被领导的关系，很难保证上级政府在协调时保持中立地位，为避免此类现象发生，可成立专门的协调组织。协调组织由不同身份人员组成，国家层面的人员可由水利部、生态环境部等部

委成员、相关领域专家和环境保护非政府组织成员构成，各级政府人员可由负责部门人员、专家等组成。同时，充分结合南水北调中线工程设置专门的行政管理机构，从中央层面的水利部及所属各司，到受水区各层级的管理处负责人等加入协调组织。

（二）调整协调程序相应规范

为了能够高质高效地解决环境治理纠纷，应尽可能扩展协调程序的启动路径，产生纠纷的双方政府、一方政府，以及上级政府均可发起协调程序。协调机制的初衷是解决纠纷双方无法达成协议时如何解决问题的，发生纠纷的地方政府当然可以发起协调程序。其次，由于纠纷双方可能存在获利、受损不同的情况，如果必须由双方共同发起，可能会导致程序启动失败，一方主体在有较为充分的证据下即可发起协调程序。同时，基于快速高效解决纠纷以及上级政府本身负有的管理职能，为保护生态环境，国家可赋予上级政府启动协调程序的权利。

至于地方政府间协商与上级政府协调的衔接程序，可参照普通民事诉讼中的协商和诉讼关系。同普通民事诉讼中的协商和诉讼一致，协商和协调是可供选择的两个方案，二者都能解决纠纷，但两者使用方式不同。在民事诉讼中，原被告可就争议的问题反复进行协商，如能协商一致便采用协商一致的协议，若无法协商一致则可选择诉讼，或者不经过协商直接采用诉讼方式，通过法院的司法判决，最终达到定纷止争的效果。需注意的是，诉讼为解决争议的最终手段，在判决生效后，秉承一事不再理原则，纠纷主体不得以同样的请求再次进入诉讼环节。另外，一旦选择协商和诉讼，协商不成可以诉讼，但诉讼结束不能再次协商。类比到协调中，政府协调中的上级政府协调好比诉讼，发生纠纷的政府双方可以经过多次协商，达到双方均可接受的结果，协商不成可以进入协调程序。同理，上级政府协调作出的最后结果对各方主体是有强制力的，纠纷主体必须执行，协调和协商不能反复使用，对于已经协调的纠纷不再协商，否则会陷入纠纷主体协商与上级政府协调的无限循环中。

二、全面推进环境纠纷解决的磋商机制

明确政府作为赔偿权利人具有双重法律地位，对政府通过磋商程序解决环境过程中的纠纷具有重要意义。磋商与环境公益诉讼的有序衔接是纠纷得以系统性解决的重要环节。

（一）多维度充实磋商机制的实体内容

首先，引入多元化的磋商主体。其关键在于引入第三方主体参与机制，为了达到更好修复生态的目的，可以适当扩大赔偿权利人的范围，例如将承担环境保护职责的环境职能部门纳入；将间接赔偿义务人纳入磋商主体，《生态环境损害赔偿制度改革方案》将造成生态环境损害的单位和个人确定为赔偿义务人，因未履行或未完全履行自身特定的环保义务而间接导致生态环境损害的责任者也应纳入主体范畴。其次，具体规范磋商内容，出台具体规定确定环境损害鉴定机构合格标准以及准入和退出机制，以确保鉴定机构和鉴定人员客观独立，鉴定报告能够满足磋商需要。对生态环境修复费用、服务功能损失费用以及必要合理费用进行分类确认，细化"生态环境修复"和"货币赔偿"两种赔偿方式，并积极探索新的可供选择的责任承担方式。最后，确定把握裁量空间。一是注重立法，通过立法明确规定磋商裁量的权限范围，对现有规定中的争议部分进一步优化，压缩环境行政机关单方面的裁量空间，提升双方的协商空间。二是完善配套责任，针对恶意磋商、消极磋商以及强制磋商等严重超出环境行政机关自由裁量权限的行为，设置相应的法律责任。三是加强公众监督，可以将磋商过程进行公开，保障公众知情权，及时向社会公布磋商进程，监督环境行政机关自由裁量权的行使。

（二）多角度规范磋商机制的程序问题

首先，磋商程序的启动，增设允许赔偿义务人主动向赔偿权利人发出磋商邀请条款，改原有的单项启动为双向启动，推进磋商工作进一步落实生效，提高诉前磋商比例，更好更快实现生态损害的修复。其次，增设赔偿义务人在磋商过程中对生态环境损害鉴定评估报告提出异议的权利。赔偿义务人对评估报告提出异议后，应当就该异议问题展开磋商，并根据实际情况确定是否要重新鉴定。最后，关于磋商程序和公益诉讼的衔接问题，针对纠纷磋商是政府提起生态环境损害赔偿诉讼的前置程序，此时每一个改革方案明确磋商与环境公益诉讼的衔接问题，即先磋商后诉讼。而对于检察机关和社会组织提出生态环境损害赔偿诉讼的，原则上也应当在磋商之后。《生态环境损害赔偿制度改革方案》将诉讼设置为一个补充性质的地位。将磋商前置确实可以快捷、高效地实现纠纷解决，为生态环境修复争取宝贵时间。

三、统筹健全环境纠纷解决的诉讼机制

环境资源案件"三审合一"模式根源于环境司法专门化。生态环境纠纷本

身具有高度的融合性，所以，定义"三审合一"，不能避开环境司法专门化。简单来说，环境司法专门化的目的在于根据生态环境资源案件的特点，在突破传统诉讼机制基础上，解决环境资源案件审判现实问题。

（一）根据需求考量与传统诉讼程序选取

在现有三大诉讼程序较为完备的基础上，环境资源案件"三审合一"完全抛开三大诉讼制度、独立构建出另一套特殊诉讼程序是十分困难的。从现实意义上看，三大诉讼制度历经几十年的发展，本身已经足以构建起处理相关类型案件全过程的规范。如果创设一种全新的诉讼制度，欠缺可供参考的理论基础。从成本上来说，从起草到提案到表决，时间成本与工作量都将十分庞大，环境司法的独特性也不代表所配套的诉讼程序必须"独树一帜"，这也背离了司法专门化追求的目标。从解决实际需求来说，环境资源案件"三审合一"需要的是用更简单的方法来实现审判的专业性，所以重点应放在与传统三大诉讼法的衔接上。由于"三审合一"目的不是为了创设新的诉讼制度，那与传统程序的衔接实际上就是将三大诉讼法内部整合。因为环境资源案件实体的法律关系仍为民事法律关系、刑事法律关系以及行政法律关系，三大法律关系对应三种诉讼程序，解决环境诉讼中的法律关系，其实就是处理好三种诉讼程序的关系。

首先，就民事诉讼法与行政诉讼法二者之间来说，其诉讼差异较小，处理两者关系的时候，对于相同的部分，不用做过多区分。针对二者不同的部分，首先考虑两种诉讼处理的法律关系不同，尤其是主体的不同，所以民事诉讼与行政诉讼的价值倾向是不同的。民法调整平等主体之间的民事法律关系，核心在于平等，行政法是调整行政主体与行政相对人之间的行政关系，核心在于强调规范行政主体行为，保障行政相对人的权利。所以，在诉讼程序价值倾向上，在适用民事诉讼法时注重双方当事人的平等价值，在运用行政诉讼法时注重规范行政主体。在这种理念下，南水北调环境资源案件的"三审合一"的诉讼程序就要去理清自身价值取向，根据不同案件具体灵活地去适用民事诉讼或行政诉讼。刑事诉讼程序较为独特，不仅规范更多，在许多制度上要求也更加严格，例如对于证据的适用，证明需要达到的程度等。这是由于刑法的目的是惩罚犯罪保障人权，而刑事审判的后果可能对个人产生深远的影响，尤其在判处剥夺个人自由、政治权利等判决中，甚至有些判决结果决定个人生命，所以在刑事诉讼中有许多特殊程序，例如"认罪认罚"、缺席审判等特殊制度，这些制度对程序要求更细致。所以"三审合一"制度中涉及刑事诉讼程序衔接时需要谨慎。可以考虑优先满足程序更加独特的刑事诉讼程序，在此基础上衔接民事诉讼程序与行政诉讼程序中的相同点，针对个案考量不同点。

（二）结合实际提升与实体法的衔接

创设"三审合一"模式的初衷是为了解决复杂的生态环境纠纷，在生态环境纠纷中涉及民事、刑事以及行政等多种法律关系，交叉性案件对审理程序提出更高要求。将生态环境纠纷细化，从实体角度做好与实体法的衔接。环境资源交叉性案件通常分为以下几种情况。

第一，民刑交叉案件。民事案件与刑事案件交叉，在司法实践中并不罕见，最常用到的是刑事附带民事诉讼，即若因犯罪嫌疑人的犯罪行为导致被害人遭受物质经济损失，或犯罪嫌疑人的行为使国家、集体经济利益受损，被害人及其近亲属可以作为刑事附带民事诉讼的原告，检察机关可以在提起公诉的同时，代表经济利益受损的集体或国家提起刑事附带民事诉讼。这种民刑交叉案件可成为附带型民刑交叉类案件，而生态环境纠纷大多是非附带型的，在传统意义上属于不同性质合并审理的情形。"三审合一"制度适用的对象包含上述两种类型。在处理民刑交叉案件上，尤其是刑事附带民事类案件，一般秉持"先刑后民"原则，但是，"先刑后民"不是处理所有民刑交叉案件的原则，如果民事部分并不完全依附于刑事部分，则应当考虑二者之间是否有先决条件，在先的审理有助于在后的判决时，是否将"先民后刑"也纳入考虑范围。在实践中，依照审判人员的审理经验以及刑事附带民事案件审理规则的完整性，在民刑交叉类案件中仍可采用"先刑后民"原则，这也是在目前尚未制定完善的环境诉讼一审程序情况下所采取的较好的做法。参照传统的刑事附带民事诉讼程序，使"三审合一"与三大诉讼做好衔接，更利于审理案件。

第二，民事与行政案件的交叉。最高人民法院出台的《关于适用中华人民共和国行政诉讼法若干问题的解释》中认为，人民法院在行政诉讼中同时处理民事争端时，民事纠纷应该单独立案，并且在同一法庭审判处理。这表明，在处理这类案件时首先要考虑两类纠纷的"先决"问题，即由谁引发的。① 如果行政法律关系是由民事法律关系引起，则采用"先民后行"较为适当。如果民事法律关系是由行政法律关系引起，根据我国《民事诉讼法》第150条规定，"本案必须以另一案的审理结果为依据，而另一案尚未审结的，中止诉讼"，这

① 王刚刚. 民行交叉案件处理机制研究［D］. 兰州：西北师范大学，2019.

时应当采用"先行后民"。我国的《行政诉讼法》第 61 条规定了人民法院可以一并审理行政诉讼中当事人申请一并解决相关民事争议的案件。环境资源案件中，"三审合一"如果是民行交叉，本身就是一并审理，不再需要当事人提出申请。所以，在环境资源民行交叉案件中，需要注意的就是"先决"问题，需要依靠审判员的经验，考虑如何确定案件事实更有利于审判顺利，即具体问题具体分析。

第三，行刑交叉案件。在环境资源案件中，有一些既要涉及环境污染、资源破坏刑事犯罪，又要涉及"民告官"，实际中这种案件出现较少。常见的有检察机关起诉行政机关的行政公益诉讼结合行政相对人起诉行政机关，或者是行政相对人提起行政诉讼的同时被检察机关起诉，或者是行政诉讼的原告同时又是刑事自诉案件的原告和被告。在这些情形中，主要是主体之间的交叉，法律关系与案件内容相互独立，此时"三审合一"实际上按照各自的方式进行审理。

（三）完善"三审合一"模式审判辅助制度

首先，就"三审合一"中的人民陪审员制度，《中华人民共和国人民法院组织法》《中华人民共和国刑事诉讼法》《中华人民共和国民事诉讼法》《全国人民代表大会常务委员会关于完善人民陪审员制度的决定》均规定了人民陪审员制度。人民陪审员除了不能担任审判长之外，同法官具有同等权力。人民陪审员任职条件是 28 周岁以上；拥护宪法，有选举权、被选举权；高中以上文化，对偏远地区德高望重者可放宽学历条件。从法条规定的符合人民陪审的条件可以看出，人民陪审员的任职条件并不高，人民陪审员制度创设的目的，就是通过让普通民众参与到司法活动中，以保障公平正义，起到监督作用，所以不要求其解决案件的专业性问题。但在环境诉讼中，本身案件交叉，错综复杂，从人民陪审员所掌握的知识层面来讲，目前的陪审制度尚不能在提高审判专业性上发挥作用，因此有必要进行适当的改革，以适应"三审合一"的审判需求。除此之外，在人员选择上，目前人民陪审员候选人资格的获得途径有三种，分别是：个人申请、基层群众自治组织、人民团体推荐和司法行政机关会同基层人民法院或公安机关随机抽选任用。对于环境审判的要求来说，可以考虑拓宽获得陪审资格的路径，"三审合一"的审判模式中，案件的复杂性要求法庭选用的陪审员掌握相应的环境知识，以及专业能力，陪审员的资格获取需要逐渐向专、精、少的方面发展，所以，环境案件审判中，人民陪审员的选任可以增设专业的选拔程序。

专业化审理的前提之一是需要足够多的专业人员，参照知识产权法庭审理知识产权案件时着重提升法官专业知识，尤其在知识产权法院建立之后，对于专家辅助制度的探索，以及技术调查官制度的运用，知识产权法院拥有一大批的专业性高的审判人员。比如，上海知识产权法院在 2016 年聘请了 11 名技术调查官，辅助调查知识产权案件中的技术事实部分。这部分人员属于法院的正式工作人员，可以在庭审中向当事人、鉴定人提问。这样一方面有利于保持中立性和公正性，另一方面技术调查官的解释说明是裁决的重要材料。环境案件的审判也可以涉及技术调查官制度，从而建立起环境纠纷审判辅助制度，以解决综合审判极强专业性所带来的压力问题，更好地促进于"三审合一"模式的发展。

四、注重强化环境纠纷解决的公众参与

要通过公众参与实现对南水北调工程生态环境纠纷的协商解决，要在保障公众参与的基础上明确各方责任，既确保在纠纷解决过程中听取民意、集聚民智，又避免过分的公众参与拖延纠纷解决的时长。公众参与的程度不能过高也不能过低，参与的效力亦不能过高或过低。应当对公众参与设置合理的准则和保障机制，以保障政府与社会公众之间的协商能够有效解决环境治理中的纠纷。

例如，2021 年 4 月 8 日，最高检对南四湖流域生态环境受损情况直接启动公益检察立案程序，最高人民检察院副检察长张雪樵担任办案组组长、主办检察官，调用最高检第八检察厅和山东省、江苏省、安徽省、河南省四级检察机关 200 多名检察人员组成办案组，以一体化办案方式办理"南四湖专案"。听证会视频直播总观看人数达 1 070.6 万人次，其中，最高检自有账号观看量 563.7 万人次，其他网络平台（账号）观看量 506.9 万人次。南四湖流域位于淮河流域北部，跨江苏和山东两省，由著名的微山湖、南阳湖、独山湖和昭阳湖组成，承接江苏、山东、河南、安徽四省的来水，流域面积 3.17 万千米^2，在南水北调东线工程起调蓄作用，即为南水北调的"中转站"，然后继续向北输水。听证会共邀请 5 名与该案无利害关系的全国人大代表和专家学者担任听证员，同时还邀请了相关行政机关、企业代表以及南四湖流域渔民代表等参加听证。针对南四湖社会公益保护难题，检察机关依托公益诉讼职能，协同各履职部门，注重公众参与，助推南四湖流域生态环境、经济发展和社会进步的长治久安，形成了公益诉讼法律监督新格局。

（一）公众参与需要建立在明确的纠纷解决目的基础上

以南四湖听证会为例，政府在环境决策和执行中，有些阶段应当充分保障公众的民主参与权，保障公民表达诉求、意见和建议的权利，尤其是涉及公民切身利益的环节更应当组织公众参与，使作出的决策能保护公众的切身利益。例如，在环境治理决策前先行发起公开征集意见、公开听证会等活动，广泛征集意见，或者以座谈会的形式邀请可能的利益相关方加入，了解其切身利益的需求，避免实施过程中的纠纷产生。这种依靠事先参与来减少纠纷的路径可选用各种类型的参与方式，因其可利用的时间较长，越充足的准备达到的效果越好。具体实操中，根据需求以科普宣传教育为目的，公众被动接受即可，以收集公众对参与事项的反馈信息为目的，公众参与即可，需要进行协商互动，获得公众对政府的决策支持的，行政机构保留最终决定权。若已经进入到纠纷处理阶段，例如"南四湖专案"或生态赔偿诉讼的前置磋商程序，从纠纷解决的目的角度出发，运用实时沟通、信息交互的听证会、座谈会或直接邀请相关专家介入磋商环节更为合理。

（二）公众参与须获得强制性法律保障

公众参与的法律强制保障，首先，需要确保公众参与法制化。在公众参与解决纠纷的过程中，公众参与决策权应当法制化，南水北调流域环境损害赔偿非诉解决中，行政决策是行政行为的前提，行政行为的实施影响着个人及公众的利益。其次，将公众参与知情权法制化。公众参与是一个信息交互的过程，在这个过程中，为了公众与政府双方在信息沟通中保持畅通，应将知情权法制化，防止因"信息不对称"而引发各种矛盾或冲突。最后，将公众参与监督法制化。监督权是公民对国家机关及公职人员可能存在的权力滥用或不作为进行监督的权利，应通过立法对公众参与监督权法制化，将监督的方式、程序、责任等在法律法规中明确。对参与效力予以法律的强制保障，使公众参与不流于形式。例如，《环境影响评价公众参与暂行办法》规定"建设单位或者其委托的环境影响评价机构，应当认真考虑公众意见，并在环境影响报告书中附具对公众意见采纳或者不采纳的说明"。对于"认真考虑"中"认真"需要如何做、从哪些方面做，"考虑"的深度及广度是怎样的，以及最终"认真考虑"的成果是否落实到位等内容，应以书面的形式对参与效力予以确定，并向社会公众公开。

参 考 文 献

陈新，2018. 南水北调中线工程水源地生态补偿机制研究 [D]. 武汉：湖北工业大学.

陈新年，安淑新，2021. 健全生态保护补偿机制，促进南水北调中线工程核心水源区高质量发展 [J]. 中国经贸导刊 (20)：48-50.

程文，2012. 大型跨区域调水工程生态补偿机制研究 [D]. 武汉：华中师范大学.

郭晖，2017. 南水北调中线水权交易市场建设探讨 [J]. 水利发展研究 (6)：16-21, 27.

郭晶，2021. 南水北调中线工程水源地水源保护生态补偿研究 [D]. 武汉：武汉科技大学.

侯红昌，2020. 提升南水北调中线河南段综合效益的思考 [J]. 河南水利与南水北调 (12)：12.

李雪松，李婷婷，2014. 南水北调中线工程水源地市场化生态补偿机制研究 [J]. 长江流域资源与环境，23 (S1)：66-72.

申庆元，2015. 南水北调中线水源区生态补偿模式研究：基于市场化视角 [J]. 创新科技 (11)：42-45.

王才君，尚宇鸣，2019. 南水北调中线工程宏观经济效益评价 [C] //中国水利学会. 中国水利学会 2019 学术年会论文集.

王小平，2013. 浅谈构建南水北调中线工程核心区财政补偿机制 [J]. 中国财政 (19)：48-49.

王艳林，邵锐坤，代依陈，2021. 南水北调中线水源区生态补偿对口协作模式探讨 [J]. 西南林业大学学报（社会科学）(2)：55-59.

吴海峰，2019. 共享发展理念下充分发挥南水北调中线工程效益研究 [J]. 经济研究参考 (17)：75-85.

习近平，2017. 习近平谈治国理政：第二卷 [M]. 北京：外文出版社.

习近平，2014. 习近平谈治国理政 [M]. 北京：外文出版社.

徐燕，任步攀，2017. 对口协作路径与机制创新：南水北调中线工程水源区与受水区实证研究 [J]. 湖北社会科学 (4)：45-51.

杨云彦，2011. 南水北调工程与中部地区经济社会可持续发展研究 [M]. 北京：经济科学出版社.

张建岭，窦明，赵培培，等，2017. 基于节水增效目标的河南省南水北调受水区水权交易模型 [J]. 中国农村水利水电 (10)：162, 168.

中共中央文献研究室，2017. 习近平关于社会主义生态文明建设论述摘编 [M]. 北京：中央文献出版社.

后　记

　　《南水北调与河南省社会高质量发展》是河南省南水北调中线工程建设管理局委托项目"河南省南水北调工程对受水区高质量发展驱动机制研究"的阶段性成果，也是南阳师范学院"南水北调工程高质量发展系列研究成果"之一。"南水北调工程高质量发展系列研究成果"由张宝锋教授总体规划并设计研究思路，项目各子课题组分别就南水北调工程在生态高质量发展、经济高质量发展、社会高质量发展、文化高质量发展等领域的成果开展研究。

　　本书围绕南水北调与河南省社会高质量发展的理论基础、实践成果、社会治理机制创新等领域进行了探讨。郭欣负责设计本书的结构并组织撰写工作。杨旭撰写绪论和第一章，郭欣撰写第二章，李丹撰写第三章，刘国旭撰写第四章，娄玮琪撰写第五章。因作者学识有限，内容疏漏之处请各位专家批评指正。

致　　谢

　　本书是河南省南水北调中线工程建设管理局委托项目"河南省南水北调工程对受水区高质量发展驱动机制研究"的阶段性成果。在此对南水北调中线建设管理局和南水北调政策法律研究会对本项目研究工作的支持表示衷心的感谢！